Hiobs Schrei in die Gegenwart

D1703853

Georg Langenhorst (Hg.)

Hiobs Schrei in die Gegenwart

Ein literarisches Lesebuch zur Frage nach Gott im Leid

Matthias-Grünewald-Verlag · Mainz

Religion und Ästhetik
Betreuung: Karl-Josef Kuschel

 Der Matthias-Grünewald-Verlag ist Mitglied
der Verlagsgruppe engagement

Die Deutsche Bibliothek – CIP-Einheitsaufnahme

Hiobs Schrei in die Gegenwart: ein literarisches Lesebuch zur Frage
nach Gott im Leid/Georg Langenhorst (Hg.) – Mainz:
Matthias-Grünewald-Verlag, 1995
ISBN 3–7867–1867–9
NE: Langenhorst, Georg (Hrsg.)

Umschlag: Kirsch & Buckel Grafik-Design GmbH, Wiesbaden
Abbildung: Hans Fronius, „Hiob verfaßt eine Anklageschrift",
Blatt R 215 (Anklage) aus dem Hiobzyklus von 1980
Satz/Typografie: Atelier Michel Beer, Bischofsheim
Druck und Bindung: Wagner, Nördlingen

ISBN 3–7867–1867–9

„Hiob würde wahrscheinlicher Weise vor einem jeden Gerichte dogmatischer Theologen, vor einer Synode, einer Inquisition, einer ehrwürdigen Classis oder einem jeden Oberconsistorium unserer Zeit ein schlimmes Schicksal erfahren haben."

Immanuel Kant, Über das Misslingen aller philosophischen Versuche in der Theodizee (1791)

„Hiob! Hiob! O Hiob! Hast du wirklich nichts anderes gesprochen als diese schönen Worte: Der Herr hat's gegeben, der Herr hat's genommen, der Name des Herrn sei gelobt? – Nein, du, der du in deines Wohlstands Tagen des Unterdrückten Wehr gewesen bist, des Greises Schirm und des Gebeugten Stab, du hast die Menschen nicht getrogen, und als alles barst, da wardst du des Leidenden Mund und des Zerknirschten Stimme und des Geängstigten Schrei, und eine Linderung allen, die in Qualen verstummten, ein getreuer Zeuge von aller der Not und Zerrissenheit, die in einem Herzen wohnen kann, ein untrüglicher Fürsprech, der es wagte ‚in der Bitterkeit seiner Seele' Klage zu erheben und zu streiten wider Gott."

Sören Kierkegaard, Die Wiederholung. Ein Versuch in der experimentierenden Psychologie (1843)

„Von allen Büchern des Alten Testamentes ist das Buch Job das erhabendste, ergreifendste, kühnste und zugleich das rätselhafteste, enttäuschendste und, fast möchte ich sagen, das abstoßendste."

Paul Claudel, Das Buch Job (1946)

„Hiob, mit dem wir alle
verwandt sind"

Walter Helmut Fritz, Sie alle lesen (1983)

Inhaltsverzeichnis

Hinführung:
Hiob – ein Gegenmodell zur Theodizee

Wie keine andere biblische Gestalt bündelt und verkörpert der alttestamentliche Hiob die Frage des Leidenden[5] nach Gott: Warum gibt es so viel Leid in dieser Welt? Ja genauer: Warum gibt es so viel unverschuldetes, sinnloses, absurdes Leid?[6] Gerade für den gläubigen Menschen stellt sich diese Frage in aller Dringlichkeit, schließlich verbindet sich traditionell mit dem monotheistischen Gottesbild eine unaufgebbare Trias der Gottesattribute: *Güte, Allmacht, Verstehbarkeit.* Die Frage nach unschuldigem – nicht vom Menschen selbst verschuldeten – Leiden aber sprengt jede Möglichkeit, diese drei Aspekte zusammenzudenken, selbst wenn man bereit ist, die klassischen Gottesattribute neu zu definieren:

> Wenn Gott *gut und allmächtig* ist, warum setzt er dann seine gute Allmacht nicht ein, um unschuldiges Leiden zu verhindern oder zu beenden? Jeder Versuch, Gott zu rechtfertigen im Sinne der klassischen Theodizee entpuppt sich angesichts konkreten Leids als hilflose oder zynische Denküberschreitung, oft genug auf Kosten des Leidenden. Nein, Güte und Gerechtigkeit Gottes zusammenzudenken, ist nur auf Kosten der Verstehbarkeit möglich. Sicherlich entzieht sich Gott der menschli-

---

[5] Anmerkung zur Sprachregelung: Mit den Begriffen wie Leser oder Autor sind in diesem Buch stets die männlichen wie weiblichen Leser/Leserinnen, Autoren/Autorinnen etc. gemeint.

[6] Vgl. hierzu: *Walter Groß/Karl-Josef Kuschel,* „Ich schaffe Finsternis und Unheil!" Ist Gott verantwortlich für das Übel? (Mainz 1992), Lit.

chen Verstehbarkeit, bleibt er im Letzten unbegreif-
bar, aber das ist etwas anderes als die völlig verdun-
kelte Rätselhaftigkeit eines Gottes, der doch in der
Bibel als sich selbst Offenbarender bezeugt ist. Was
also wäre das für ein Gott, der sich selbst radikal den
Ansätzen der Verstehbarkeit entzieht?

Wenn Gott hingegen *allmächtig und verstehbar* ist,
dann geschieht alles mit seiner Billigung, in seinem
Namen, aufgrund seiner Initiative: Naturkatastrophen wie Erdbeben oder Überflutungen, menschen-
gemachte Greuel wie Kindsmord, Foltertod und
Konzentrationslager. Fehlt bei erstem jegliche Deu-
tungsmöglichkeit, so ist bei zweitem immer noch
die Möglichkeit gegeben, auf die in göttlicher Allmacht gewährte Freiheit des Menschen zu verweisen – in seiner Allmacht ließ Gott dem Menschen als
freiem Wesen die Möglichkeit des Mißbrauchs. Aber
ist dann dieses so entsetzlich mißbrauchbare Maß
an Freiheit „gut"? Was wäre das für ein Gott, der
zwar allmächtig und verstehbar ist, aber eben ein
das Böse zulassender oder bewirkender Demiurg,
fern jeglicher Verpflichtung zum Guten?

Wenn Gott schließlich *gut und verstehbar* ist, dann
gibt es für das Leid nur die eine Erklärung: Er kann
es nicht ändern, ist ohnmächtiger Zeuge der
Geschehnisse, vielleicht selbst leidend in seiner
Schöpfung oder zumindest mit-leidend mit seinen
Geschöpfen, aber ohne eigene Möglichkeit, direkt
helfend einzugreifen.[7] Braucht er – wie einige Theologen meinen – uns, die Menschen, um über unsere
Herzen und mit unseren Händen einzugreifen? Was

---

[7] Diese Position wurde zuletzt nachdrücklich vertreten von: *Günther Schiwy*, Abschied vom allmächtigen Gott (München 1995).

aber ist dann mit dem biblischen Zeugnis des geschichtsmächtigen Gottes, was mit dem alten philosophischen Attribut der „Allmacht"? Ja, was wäre das für ein Gott, der zwar gut und verstehbar wäre, aber nur ein machtloser Mitfühler und Betrachter?

Diese Fragen werden heute mehr denn je gestellt, sind gerade für Jugendliche das immer wieder artikulierte Hauptproblem eines möglichen Gottesglaubens.[8] Alle Versuche, dieses Problem mit objektiven Mitteln der rationalen Vernunft zu klären oder zu lösen, also eine philosophische oder dogmatische Theodizee zu entwerfen, sind definitiv gescheitert.[9]

Um das Grundproblem aber kommt man auch im Eingeständnis seiner Unlösbarkeit nicht herum, will man nicht resigniert verstummen. Hiob bietet nun freilich eine alternative Möglichkeit an, sich dem Problem „Gott im Leid" anzunähern, ohne in die oben beschriebenen Dilemmata fallen zu müssen. Schon Immanuel Kant hatte 1791 richtungweisend darauf verwiesen, daß ein Scheitern der von ihm so benannten „doktrinalen Theodizee" doch nicht zugleich die Unmöglichkeit einer „authentischen Theodizee" mitbedeuten müsse. Und gerade die Gestalt Hiobs wird schon für ihn zum Grundmodell einer solchen authentischen, im einzelnen subjektiv erfahrbaren, nicht objektivierbar-denkerischen Theodizee. Ein Blick auf die

---

[8] Vgl. hierzu: *Ralph Sauer,* Gott – lieb und gerecht? (Freiburg 1991).

[9] Vgl. hierzu die guten Überblicke zum Diskussionsstand: *Willi Oelmüller* (Hrsg.), Theodizee – Gott vor Gericht? (München 1990); *ders.* (Hrsg.), Worüber man nicht schweigen kann. Neue Diskussionen zur Theodizeefrage (München 1992), Lit! Einen anderen Ansatz bietet: *Gerd Neuhaus,* Theodizee – Abbruch oder Anstoß des Glaubens? (Freiburg/Basel/Wien 1993).

weitere Problemgeschichte belegt nachdrücklich diese Tendenz. Das Hiobbuch ist nun einmal kein Versuch, die Wege Gottes objektiv und abstrakt vor dem Gerichtshof der menschlichen Vernunft aufzuklären und zu verteidigen, sondern etwas anderes: der Versuch, das Verhalten des einzelnen im Leid zu umschreiben. Keine Theodizee, sondern ein Verzicht auf die menschliche Rechtfertigung Gottes zugunsten der individuellen Lebensentscheidung der Betroffenen im unaufgebbaren Vertrauen auf Gott. Und so finden sich Hinweise auf Hiob in der Geistesgeschichte vor allem dort, wo die Logik der Theodizeeversuche verstummt. Hiob wird geradezu zu einem Gegenmodell der Theodizee.[10]

Die biblische Gestalt

Freilich, ein Blick in das biblische Buch selbst führt nicht selten zur Ernüchterung. Wer eine allzu einfache oder leicht nachvollziehbare Antwort auf die Frage nach dem Leid sucht, wird enttäuscht. Die dieser kommentierten Textsammlung als Motti vorangestellten vier Äußerungen zu Hiob spiegeln die Bandbreite der Reaktionen und Stellungnahmen wider. Man wird sich schon näher mit ihnen befassen müssen, um sich ihrer ureigenen Spiritualität anzunähern, dem Mann aus dem Lande Uz und jenem ihm gewidmeten biblischen Buch, das eine unglaublich komplizierte Entstehungsgeschichte über einige Jahr-

---

[10] Der Philosoph *Carl-Friedrich Geyer* spricht hier von einer „Inkompatibilität von Theodizee und Hiobexegese", von einer „Theodizeeresistenz" des Hiobbuches. Vgl.: *ders.*, Das Theodizeeproblem – ein historischer und systematischer Überblick, in *Willi Oelmüller* (1990), Theodizee, S. 9–32 (vgl. Anm. 9).

hunderte[11] aufweist und deshalb in sich selbst mehrere
spannungsreiche Positionen zu Wort kommen läßt.

Die Fabel der Lebensgeschichte dieses Hiob ist schnell
erzählt, hat bewußt den allgemeingültigen Symbol-
charakter eines geistlichen Mysterienspiels. Er lebt reich,
erfolgreich und untadelig im Lande Uz, ist gesegnet mit
einer glücklichen Familie, großem Landbesitz, fruchtba-
ren Böden und riesigen Viehherden. Seinen Lebenserfolg
führt er auf Gott zurück und dankt ihm pflichtschuldig in
vorbildlicher Frömmigkeit: Kein Gebet für sich selbst oder
seine Familie, das er versäumen würde, keine soziale Wohl-
tat, die er den weniger Glücklichen nicht zukommen ließe.
Doch dann wendet sich sein Schicksal. Wir werden Zeugen
einer Szene am himmlischen Hofstaat, in der sich Gott
stolz auf seinen Knecht Hiob beruft. Doch Satan, der Ver-
sucher, bohrt nach: Nun, das sei ja wohl keine rechte
Kunst, fromm und untadelig zu sein, wenn es einem rundum gut gehe. Was aber, wenn man Hiob seine Vergünsti-
gungen entzöge? Würde er auch dann noch seinen Gott
loben?

Gott läßt es in dieser Legendenerzählung auf den Versuch
ankommen, ist er sich doch sicher, daß Hiob allen Prüfungen trotzen und treu zu ihm stehen wird. Und so treffen
denn Hiob die sprichwörtlichen „Hiobsbotschaften". Man
stelle sich dies in aller Dramatik vor: Sein Besitz zerfällt in
Naturkatastrophen und durch Räuberbanden, seine Kinder kommen durch Naturgewalten ums Leben, seine Frau
wendet sich von ihm ab, er selbst wird mit den schlimmst-
möglichen Krankheiten geschlagen. Wird er an Gott festhalten?

[11] Einen guten Überblick zum Forschungsstand bietet: *Jürgen Ebach*,
„Hiob/Hiobbuch", in: Theologische Realenzyklopädie, Bd. 16
(Berlin/New York 1986), S. 360–380, Lit!

Hiobs Reaktion bleibt rätselhaft gespalten: Da prägt er auf
der einen Seite den sprichwörtlichen Dulderspruch: „Der
Herr hat's gegeben, der Herr hat's genommen, der Name
des Herrn sei gelobt" (1,21), nur um wenig später in einen
tiefgründig nihilistischen Fluch auf seine Existenz auszu-
brechen: „Ausgelöscht sei der Tag, an dem ich geboren
bin, die Nacht, die sprach: ein Mann ist empfangen" (3,1).
Und so bewegt er sich zwischen Demut und Rebellion, zwischen passiver Annahme und trotzigem Aufbegehren,
auch dann, als drei Freunde – und später kommt ein weiterer hinzu – ihn besuchen, um sein Leid mit ihm zu teilen
und ihn zu trösten. Zwischen ihnen entwickelt sich ein har-
tes Gespräch um die Gerechtigkeit Gottes. *Sie* meinen, er,
Hiob, müsse selbst an seinem Leiden schuldig sein,
schließlich strafe Gott nur die Frevler und Sünder. Wer
also leide, dürfe sich nicht beklagen, ihm geschehe
schließlich recht. Warum nicht das Leid als Läuterung
ansehen, als Erziehungsmittel Gottes? Hiob läßt all das
nicht gelten, weist es im Gegenteil scharf zurück: *Er* weiß
sich doch – zu Recht – als völlig unschuldig. Bei ihm ver-
sagt der sogenannte „Tun-Ergehen-Zusammenhang", den
die Freunde postulieren. Dieser Tun-Ergehen-Zusammenhang, eigentlich ein Ausdruck für die Hoffnung auf Gottes
wirkende Gerechtigkeit, ist für sie zu einem scheinbar
berechenbaren Vergeltungsdogma erstarrt. Wo dieses
Denkmodell ursprünglich die Hoffnung darauf
veranschaulicht, daß gutes Tun belohnt werde mit gutem
Ergehen im Leben, daß umgekehrt böses Tun ein schlech-
tes Lebensschicksal nach sich zöge, folgern die Freunde als
Repräsentanten einer ganzen Theologengeneration, daß
man also auch umgekehrt am konkreten Leben eines
jeden Menschen ablesen könne, was für ein Mensch er sei:
Leidende müssen in dieser Logik schuldig sein, Glückliche
aber stets unschuldig.

Dieses Modell aber zerbricht spätestens am Schicksal Hiobs. Schließlich wendet er sich folgerichtig an Gott selbst, verlangt von ihm und vor ihm Rechenschaft, fordert das ihm als Frommem – so meint er – zustehende Wohlergehen. Das Unerhörte, ja eigentlich Unerwartete geschieht: Gott zeigt sich dem Hiob in einem Wettersturm und antwortet ihm. Doch was kann er antworten? Kann er sagen: „Ja, Hiob, du hast recht und ich lasse dir Gerechtigkeit widerfahren, indem ich dich erneut segne" – wie glaubhaft wäre eine derartige Rede angesichts des realen, millionenfachen, nicht zum Guten gewandelten Leids? Kann er sagen: „Ja, Hiob, der Tun-Ergehen-Zusammenhang gilt tatsächlich, ich bin sein Garant"? Dann unterwürfe er sich den flachen menschlichen Gesetzen von Belohnung und Bestrafung. Kann er sagen: „Es tut mir leid, Hiob, ich kann an deinem Unglück nichts ändern, all das ist Werk des Satans"? Dann unterwürfe er sich einer größeren Gegenmacht. Kann er sagen: „Deine Rebellion hat mich enttäuscht. Da du an mir zweifelst, geschieht dir nur recht"? Dann entpuppte er sich als wehleidiges anthropomorphes Sensibelchen. Kann er sagen: „Hiob, ich leide mit dir, bin bei dir als Leidender. Nur ändern kann ich es leider nicht, ich habe nicht die Macht dazu"? Dann aber wäre er nicht mehr als ein schwaches, ohnmächtiges Weltprinzip des Guten.

Nein, nichts von alledem, keine dieser durchaus denkbaren Möglichkeiten wird im Hiobbuch gewählt. Nein, Gott läßt vor Hiob seine ganze Schöpfung Revue passieren: „Sieh die Sterne, sieh die Erde, sieh die Tiere – wo warst du, als ich all das gemacht?" Nein, der Mensch wird hier nicht – wie manche Kritiker der Gottesreden meinen – als Unwürdiger zum Schweigen gebracht, durch bloße Machtrhetorik erstickt, Sinn dieser Schöpfungsrevue ist etwas ganz anderes. Die Schöpfung ist, wie Gott sie gemacht hat, sie ist, wie sie ist. In dieser Schöpfung aber sind Elemente enthalten, die der Mensch nie verstehen wird. Warum etwa legt die Straußenhenne (39,13ff.) ihr Ei in den Sand, wo jeder Fuß es zertreten kann? Das ist doch nicht sinnvoll, effektiv, logisch, nach menschlichem Ermessen! Eben darum geht es: Nicht menschliche Vernunftkriterien regieren den Kosmos. Keineswegs ist die Welt auf ihn und seine Nützlichkeitserwägungen hingeordnet – es *gibt* Sinnwidriges, menschenfeindliche, wilde Tiere, Chaosmächte (symbolisiert in den mythischen Urtieren Behemoth und Leviathan).

Das also wird der Mensch als erstes zu lernen haben – die Einsicht in die sein Erfassen übersteigende Größe und Struktur des Seins. Dies aber ist nicht das letzte Wort, noch nicht die eigentliche Sinnspitze des Hiobbuches. Denn in ihrer letzten Unverständlichkeit ist die Welt getragen und gehalten[12] von dem, der diese Schöpfungsrevue präsentiert: von Gott selbst. Und dieses letzte Getragensein ist nicht mehr rational begründbar, sondern nur individuell in Vertrauen annehmbar. Doch nachgefragt: Wo ist der logische Verbindungsbogen zu Hiobs Forderung nach Gerechtigkeit, der doch keine Schöpfungsbelehrung suchte, sondern Aufklärung über sein Schicksal? Nun, so wie der Mensch seine unbegründeten Ansprüche zurücknehmen muß, die Welt sei auf ihn und seine Verständniskategorien

---

[12] Die von der katholischen Exegetin *Theresia Mende* an diesem Punkt immer wieder behauptete *eschatologische* Dimension der Hiobshoffnung ist eine absolute Minderheitenansicht in der Exegese und beruht auf abenteuerlichen Hypothesen zur Textentstehungsgeschichte. Daß sie gerade von diesem Punkt aus zu unhaltbarer Rhetorik ausholt, ist bedauerlich. Vgl. ihre Besprechung meiner unter Anm. 16 genannten Arbeit in Trierer Theologische Zeitschrift 104 (1995), S. 76–78.

bezogen, so muß er auch analog seine Vorstellung korrigieren, er habe einen unbedingten Anspruch auf Wohlergehen, den Anspruch, Gott gewähre einen jederzeit berechenbaren Tun-Ergehen-Zusammenhang. Weil Hiob erkennt, daß sein Irrtum gerade an diesem Punkt lag, zieht er seine Klagen zurück und verstummt. Gleichzeitig aber wendet er sich nun Gott neu zu, jenem Gott, der ihm zuvor wie ein Willkür-Despot erschienen war, den er nun vertrauensvoll als wohlwollenden Weltenschöpfer und -erhalter erkannt hat.

Keine rationale Antwort hat Hiob erhalten, sondern ihm ist eine neue Dimension eröffnet worden, in deren Weite er seine Fragen zurückziehen kann. Daß er als „Belohnung" alle verlorenen Güter zweifach zurückerhält, ist eine unnötige, ja der eigentlichen Aussage querlaufende Happy-End-Lösung aus der Welt des Märchens. Viel wichtiger ist die zentrale Aussage (42,8): Hiob hat „recht geredet von Gott", im Gegensatz zu den vermeintlichen Freunden. Der von ihnen in dogmatischer Gewißheit und vermeintlicher theologischer Objektivität formulierte Grundsatz, Gott halte sich an den „Tun-Ergehen-Zusammenhang", so daß das jeweilige Schicksal der Menschen in jedem Falle zu Recht erfolge, ist damit letztgültig abgeschmettert: So ist Gott nicht, so läßt sich Theologie nicht betreiben! Umgekehrt aber gilt auch: Hiobs Umgang mit seinem Leid wird nachdrücklich gerechtfertigt. In seinem Gefolge darf der Mensch im Leid beides: sich demütig fügen, aber auch zweifelnd, fragend und klagend gegen sein Unglück aufbegehren und sich in aller Schärfe mit Gott auseinandersetzen. Als Auseinandersetzung mit Gott ist gerade auch dies – aller einseitigen christlichen Duldungsmystik zum Trotz – eine legitime Verhaltensweise im Leid.

Hiob aber erhält seine zeitüberdauernde Bedeutung vor allem in dieser unauflösbar spannungsgeladenen Gleichzeitigkeit: Zweifeln und Erdulden, Rebellieren und Sich-Fügen, Klagen und Verstummen, Fluchen und Schweigen – beide Pole des menschlichen Verhaltens verbinden sich in ihm in einer Person. Und zu beiden heißt es, er habe „recht geredet von Gott"! Sicherlich darf gerade an dieser Stelle nicht verschwiegen werden, daß das Buch Hiob einen unglaublich komplizierten Entstehungsprozeß durchgemacht hat, an dem zahlreiche Verfasser, Redaktoren und Zensoren mitgewirkt haben – die exegetischen Erklärungsversuche lassen sich kaum aufzählen und kommen nur zu wenigen, hier nicht genauer zu diskutierenden konsensfähigen Ergebnissen.

Die abgedruckte Strukturanalyse dieses Buches gibt einige hilfreiche Orientierungen über den Aufbau des – in seiner heutigen Fassung – komplizierten Gesamttextes, der verschiedene literarische Formen – Prosa und Versdichtung –, wechselseitige Strukturelemente zwischen Hiob und seinen verschiedenen „Gegenspielern" und mehrere theologische Themen aufnimmt. In der von verschiedenen theologischen Richtungen geprägten, energisch umkämpften Entstehungsgeschichte hat sich die heutige Endform als für uns gültige Fassung durchgesetzt, und dieser Prozeß selbst bestätigt einmal mehr, daß es um entscheidende religiöse Grundfragen geht. Der Streit um die angemessene theologische Deutung des Buches geht schon zurück auf seine ureigene Entstehungsgeschichte. Diese existentielle Tiefe und die Vieldeutigkeit der unumgänglichen eigenen Antworten machen die bleibende Faszination Hiobs bis in unsere Tage hinein aus! „Kein Wunder", so *Jean Améry*, „daß ein solch schrecklich-grandioser Text Bestand hatte durch Jahrtausende."[13]

---

[13] *Jean Améry*, Zum ersten Mal gelesen, in *Hans Jürgen Schultz* (Hrsg.), „Sie werden lachen – die Bibel". Erfahrungen mit dem Buch der Bücher ¹1975 (München 1985), S. 59–68, hier: S. 61.

	Form	Strukturelement		Thema
		Situation Hiobs:	**Gegenspieler:**	
Prolog 1,1–2,13	**Prosa:** Erzählung	1. Glück in Gottesfurcht	2. Prüfung (Satan/Gott)	**These Satans:** Nur der ist fromm, dem es gut geht.
		3. Schicksalswende: Leiden	4. Verfluchungsratschlag (Frau)	**Gegenthese Gottes:** Hiob wird jeder Prüfung standhalten. Damit ist Satans Behauptung widerlegt.
		5. Demut	6. Besuch (Freunde)	
Hauptteil 3,1–42,6	**Versdichtung:** Klagerede Hiobs (3) Drei Redegänge (4,1–31,40) Lied der Weisheit (28) Schlußrede Hiobs (29–31) Zwischenspiel Elihu (32–37) Zwei Gottesreden (38,1–41,26) Zwei Antworten Hiobs (40,3–40,5; 42,1–42,6)	7. Klage 9. Anklage 11. Prozeßbitte 13. Einlenken	8. Verteidigungsrede (Freunde) 10. Beschuldigung (Freunde) 12. Schöpfungsrevue (Gott)	**These der Freunde:** Es besteht ein Tun-Ergehen-Zusammenhang. Gott hält sich an die Spielregeln menschlicher Moral. **Gegenthese Hiobs:** Schon *ein* unschuldig Leidender widerlegt den Tun-Ergehen-Zusammenhang. Dennoch muß Gott ein „moralischer Gott" sein. Unschuldiges Leiden muß ein fehlerhaftes Versehen im Schöpfungsplan sein. Darauf aufmerksam gemacht, wird Gott die Gerechtigkeit wieder einsetzen.
Epilog 42,7–17	**Prosa:** Erzählung	15. Schicksalswende: Glück	14. Rechtfertigung Hiobs (Gott)	**Synthesen:** Hiob besteht die Prüfung. Seine Fragen, Klagen und Zweifel werden von Gott bestätigt als „recht reden von Gott". Hiob und die Freunde haben unrecht. Gott steht außerhalb des Tun-Ergehen-Zusammenhangs. Er ist frei und schöpfungsmächtig. Doch dieses Geheimnis ermöglicht Leben.

Hiobs überzeitliche Aktualität

Ein großer Teil der Diskussionen über das Hiobproblem
und seine Lösungsversuche fand nun aber gerade nicht
primär im Rahmen des theologischen Diskurses statt – zu
eng waren hier lange Zeit die selbstgesteckten Denkgren-
zen, zu einseitig wurde Hiob aber auch als systemkon-
forme Duldergestalt rezipiert. Nein, die zeitübergreifende
Aktualität Hiobs wurde vor allem in anderen Bereichen
der Kultur immer wieder neu entdeckt und gestaltet: in
der Malerei – man denke nur an die großartigen Hiob-
Bildnisse der byzantinischen Miniaturen[14], an Bilder von
Dürer, de la Tour, oder an die Radierungen von William
Blake; in der Philosophie – Hobbes, Herder, Kant oder
Kierkegaard; vor allem aber in der Literatur[15]. Das Hiobbuch, selbst eines der größten Werke der Weltliteratur,
kommt der tragischen Dramatik so nahe wie kein anderes
Werk der Bibel und prägt dabei eine Verssprache, deren
Eleganz und Prägnanz ihresgleichen sucht. Der Einfluß
dieses literarischen Kunstwerkes auf die Weltliteratur läßt
sich denn auch gar nicht unterschätzen: Von hier aus wurde die gesamte Tradition des geistlichen Spiels und der
Welttheateridee entscheidend geprägt, hier fand Goethe

---

[14] Eine wunderbare Sammlung hat zusammengestellt: *Paul Huber,*
Hiob. Dulder oder Rebell? Byzantinische Miniaturen zum Buch
Hiob in Patmos, Rom, Venedig, Sinai, Jerusalem und Athos (Mün-
chen 1986). Zu Hiob in der modernen Malerei vgl. vor allem den
Ausstellungskatalog: Das Buch Hiob in der Kunst des 20. Jahrhun-
derts, hrsg. von *Ulrich von Kritter/Karl Arndt* (Göttingen 1987).

[15] Zum Grundverhältnis von Theologie und Literatur vgl.: *Karl-Josef
Kuschel,* „Vielleicht hält Gott sich einige Dichter ..." Literarisch-
theologische Porträts (Mainz 1991), bes. S. 366–396: „Auf dem
Weg zu einer Theopoetik".

sein Vorbild für den „Prolog im Himmel" des „Faust", von hier aus bezogen Milton, Shakespeare oder Melville zahllose Anregungen, und mit diesen Namen sind nur einige wenige Tupfer auf eine große und bunte Leinwand des Möglichen gesetzt.

Vor allem im 20. Jahrhundert erlebte Hiob eine solch breitgestreute Neubeachtung, daß man mit Fug und Recht von einer spirituellen Renaissance Hiobs sprechen kann. Die grausamen und ungeschützt bezeugten Erfahrungen unserer Zeit – nicht in Worte zu kleiden, nur stichwortartig zusammengefaßt in den wenigen Schlagworten „Holocaust", „Hiroshima", „Archipel Gulag" – ließen die Menschen in nie gekannter Dringlichkeit die Warum-Frage stellen. Und dabei entdeckten viele, daß ihnen mit dem Hiob des Ersten Testamentes ein Frager und Klager bereits vorausgegangen war, dessen Worte nun in einem ganz anderen Hallraum neu erklangen. Mit Hiob wurden Erfahrungen, die sich eigentlich der Sprache entziehen, doch noch ins Wort gebracht: Seine Klagen, seine Zweifel, seine Anfragen wurden zu Äußerungen unserer eigenen Zeit. Freilich: Ob damit auch Hiobs „Antwort", Hiobs theologische Erkenntnis in unsere Zeit mit übernommen würde? Diese Frage vor allem stand im Zentrum meiner eingehenden Untersuchung zum Thema *„Hiob unser Zeitgenosse"*[16] (1994), in der ich die literarische Rezeption der Hiobgestalt in unserer Zeit analysiert und interpretiert habe, um von dort aus zu überlegen, welche Herausforderung dieser nicht-theologische Hiob für eine systematische Theologie darstellt, die auf der Höhe unserer Zeit denken, fühlen und sprechen will. Für alle tieferen Nachfragen

---

[16] *Georg Langenhorst,* Hiob unser Zeitgenosse. Die literarische Hiob-Rezeption im 20. Jahrhundert als theologische Herausforderung (Mainz ²1995).

zum Thema, für eine gründliche Bibliographie und für weiterführende Literaturangaben kann ich hier nur grundsätzlich auf diese inzwischen in zweiter Auflage vorliegende Arbeit verweisen. Daß Hiob aktuell bleibt, zeigt die Vielzahl der Neuerscheinungen zu diesem Thema seit Erscheinen meiner Studie. Neben zahllosen allgemeinen Hiobdeutungen[17] finden sich Beiträge zur Frage nach dem Stellenwert mythologischer Elemente im Hiobbuch[18] oder zur Bedeutung des Hiobbuches für die Seelsorge[19], aber auch weitere literarische Auseinandersetzungen mit Hiob[20]. Einmal mehr bestätigen diese Diskussionsbeiträge die bleibende Aktualität Hiobs als Zeitgenossen.

[17] Besonders gespannt darf man auf die seit längerem angekündigten, aber bis Mai 1995 noch nicht ausgelieferten Bücher von Jürgen Ebach sein, vgl. *Jürgen Ebach,* Streiten mit Gott. Hiob (Kleine Biblische Bibliothek, 2 Bde.) (Neukirchen-Vluyn 1995).

[18] *Gisela Fuchs,* Mythos und Hiobdichtung. Aufnahme und Umdeutung altorientalischer Vorstellungen (Stuttgart/Berlin/Köln 1993).

[19] *Tobias Mickel,* Seelsorgliche Aspekte im Hiobbuch. Ein Beitrag zur biblischen Dimension der Poimenik (Hamburg 1990).

[20] So die hier aufgenommenen Gedichttexte von Maiwald, Pagis und Edvardson. Weiterhin werden aber auch Hiobschauspiele für den Gemeindegebrauch geschrieben, etwa das des Münchner Jesuiten *Walter Rupp,* „Uz liegt überall", 1993 uraufgeführt, werden Hiob-Musicals verfaßt, etwa von *Klaus Nees,* Hiob-Opern geschrieben, etwa von Axel Seidelmann, 1994 in Wien uraufgeführt. Leider noch nicht einsehen konnte ich den jüngsten Hiobroman: *Israel Josaphat,* Hiobs Rache. Ein deutscher Roman (1995).

Ziel und Aufbau dieses Buches

Was aber will nun *dieses* Buch? Es möchte vor allem die wichtigsten – zum Teil schwer zugänglichen – Zeugnisse, die Hiobs Aktualität belegen, zusammentragen. Hier soll ein breites Panorama von Texten dokumentiert werden, aus denen hervorgeht, *wie* moderne Dichter und Denker sich anhand der Figur Hiobs mit der Frage nach Gott im Leid auseinandersetzen. Die Texte sollen dabei zwei Kriterien erfüllen: Sie müssen Textzeugnisse unseres Jahrhunderts sein, und der Bezug zu Hiob muß explizit auf der Textebene selbst erfolgen, nicht nur auf einer möglichen und dadurch relativ frei assoziierbaren Deutungsebene. Eine derartige Eingrenzung ist erforderlich, um Beliebigkeit zu vermeiden. Inhaltlich ist hingegen eine möglichst breite Streuung angezielt: Demut und Rebellion, Gottesverfluchung und christlicher Trost, Flucht ins absurde Sprachspiel und Rettung durch Sprachprägung – die unterschiedlichsten Zeugen sollen in diesem Buch zu Wort kommen. Vor allem literarische Texte werden aufgenommen, und zwar mit Beispielen aus Prosa, Dramatik und Lyrik. Daneben sollen auch zentrale philosophisch-religiöse Essayisten ihre ganz eigenen Zugänge zur Problematik entfalten können. Hierzu liegt freilich eine hervorragende englischsprachige Anthologie[21] aus dem Jahre 1969 vor, so daß wir uns auf ausgesuchte und neuere Stimmen beschränken können.

Fünf verschiedene *Rezeptionsbereiche* sollen dabei herausgestellt und mit *jeweils sieben Beispieltexten* veranschaulicht werden – im Bewußtsein, daß die Trennungslinien nicht

---

[21] *Nahum N. Glatzer,* The Dimensions of Job. A study and selected readings (New York 1969). Das Buch liegt inzwischen in seiner achten Auflage vor.

immer eindeutig zu ziehen sein werden. Zunächst wird aufzuzeigen sein, inwiefern Hiob tatsächlich als unser Zeitgenosse zu bezeichnen ist, besser: von den Autoren bezeichnet wird. Dann richtet sich der Blick vor allem auf Hiob als allgemein-archetypische Leidensgestalt. Ein dritter Texttyp reflektiert über das besondere Verhältnis von Hiob und dem gesamtjüdischen Schicksal. Wieder andere Zeugnisse verweisen auf Hiob vor dem Hintergrund eines dezidiert christlichen Weltbildes. Eine letzte Abteilung schließlich wird der Frage nachgehen, warum und wie Hiob selbst dann noch aktuell bleibt, wenn die biblische Gottesvorstellung abgelehnt wird. Die hier gewählte Reihung dieser fünf Kapitel ist dabei keineswegs als wie immer wertende Klimax angelegt. Innerhalb der einzelnen Abteilungen werden die Texte weitgehend in ihrer chronologischen Reihenfolge präsentiert. Aus den – in der oben genannten Untersuchung bibliographisch detailliert nachgewiesenen – zahllosen möglichen Hiobtexten wurden dazu besonders typische und literarisch überzeugende Beispiele ausgewählt, in der Hoffnung, damit die wirklich wichtigen Hiobzeugnisse exemplarisch erfaßt und dokumentiert zu haben.

Die jeweiligen Zeugnisse werden kurz eingeleitet und kommentiert, gegebenenfalls mit einigen Interpretationshinweisen versehen. Besonders schwierige Texte werden im abschließenden Ausblick noch einmal aufgenommen und exemplarisch interpretiert. Neben dem Beleg der Quelle wird zu den meisten Texten ein Tip zum Weiter- und Nachlesen über das Werk oder den Autor angefügt, um besonders Interessierten Wegspuren zur Vertiefung anzudeuten. Für alle weiteren Verweise, Belege und Kontexte muß erneut auf meine oben genannte Studie hingewiesen werden, in der sich auch ausführliche Detailinterpretationen zu den meisten dieser Werke finden.

Im abschließenden Ausblick möchte ich einige didaktische *Hinweise für die Praxis* geben – sei es für den schulischen Religionsunterricht, für Arbeit in der Erwachsenenbildung oder für das Eigenstudium. In welchem didaktischen Rahmen wird ein Arbeiten einerseits mit Hiob, andererseits mit literarischen Texten sinnvoll? Wie kann oder soll man mit solchen Texten umgehen? Wie kann man die schwierigen Texte selbst deuten oder die Deutung erarbeiten lassen? Was sind der besondere Reiz und die spezifische Chance einer Beschäftigung mit derartigen literarischen Werken? So soll eine kommentierte Anthologie entstehen, die allen Interessierten eine einzigartige Zusammenstellung einerseits über Hiob, andererseits über die Frage nach Gott im Leid zur Verfügung stellt. Vor allem Religionslehrer, Katecheten und Lehrende in der Erwachsenenbildung finden hier ein didaktisch aufbereitetes Buch, das sich für den Einsatz in der religionspädagogischen Praxis bewähren soll: nicht im Sinne eines konkreten Unterrichtsmodells, sondern als kommentierte Materialsammlung, die Freiheit zur eigenen Schwerpunktsetzung und zum individuellen Umgang mit den Vorlagen bietet.

I. Hiob – ein Zeitgenosse?

Hiob habe lange Zeit „unter einem Bann, einem Bann des Schweigens" gestanden, „der nur ganz selten und stets unvollständig unterbrochen wurde"[22], so der protestantische Theologe und Kulturphilosoph *Hans Ehrenberg* in seinem bemerkenswerten Drama und Essay „Hiob der Existentialist" von 1952. In unserem 20. Jahrhundert aber wurde er wiederentdeckt als Vorbildfigur, als unzeitgemäßer Vorläufer, als sprachmächtige Stimme unserer Erfahrungen und Gedanken. Die tiefen geschichtlichen wie geistigen Erschütterungen unseres Jahrhunderts waren es, die zu einer Wiederentdeckung und Neuinterpretation Hiobs führten. Hören wir drei inhaltlich verblüffend ähnliche Äußerungen aus den 50er Jahren, die diesen Prozeß beispielhaft verdeutlichen:
„Unsere Zeit ist Hiob-reif geworden. Der Zusammenbruch, der im biblischen Hiobbuch über den reichen und frommen Mann Hiob kommt, hat sich im Zusammenbruch der reichen und frommen bürgerlichen Welt erneut ereignet... Gibt es einen Gott, einen Gott, der wirklich ist? Vor der Frage steht eine Hiob-reif gewordene Zeit, wie es die unsrige ist."[23] So noch einmal der bereits angeführte Hans Ehrenberg.
„Die Zeiten sind in besonderem Maße reif für eine Wiederentdeckung Hiobs"[24], meinte in vergleichbarem Wortlaut und Wortsinn der französische Exeget *Samuel Terrien* im

---

[22] *Hans Ehrenberg*, Hiob der Existentialist (Heidelberg 1952), S. 33.

[23] *Hans Ehrenberg*, a.a.O., S. 5..

[24] *Samuel Terrien*, Job: Poet of Existence (Indianapolis/New York 1957), S. 16.

Jahre 1957 in einem zentralen Kommentar zum Hiobbuch.

„Unsere Generation hat Hiob im Sinn und Hiob im Herzen"[25], schrieb schließlich 1959 der amerikanische Rabbi
Louis Finkelstein in einem Aufsatz, der sich mit dem erstaun-
lichen Erfolg eines Hiob-Dramas in unserer Zeit ausein-
andersetzt.

War aber diese Wiederentdeckung Hiobs aus den Schutz-
mänteln der einseitigen Demuts- und Dulderdeutung so
einfach, wie es diese drei Stimmen anzudeuten scheinen?
Und würde diese Wiederentdeckung tatsächlich Hiob in
seiner – dem biblischen Buch zu entnehmenden – Gesamt-
heit betreffen, oder stets nur einige wenige Züge Hiobs,
die jedoch in eine Neudeutung des Gesamtbildes einmün-
den müßten? Die ersten sieben Texte dieser Anthologie
wollen diese Fragen aufnehmen und erste Hinweise für
eine mögliche Beantwortung geben.

[25] *Louis Finkelstein,* Three Opinions on „J. B.", in: Life Magazin
18. 5. 1959, S. 135–138.

1. Herbert George Wells:
„Die ganze Erde ist heute Hiob"

Der englische Schriftsteller Herbert George Wells (1866–1946) ist bei uns vor allem als Mitschöpfer des „Science-Fiction" bekannt, sein erfolgreich verfilmter Roman „Die Zeitmaschine" gehört zu den Standardwerken der internationalen Jugendliteratur. Tatsächlich aber war Wells ein ungemein vielfältiger, schreibfreudiger Autor, der sich zu Zeitthemen äußerte, politische Einschätzungen veröffentlichte, Unterhaltungs-, Bildungsromane und Geschichtsbücher schrieb. In Deutschland nur wenig bekannt ist sein einziger literarischer Versuch, sich mit der Bibel zu befassen. Tatsächlich aber legte er 1919 mit dem Roman „Unsterbliches Feuer" eine sehr genau an der biblischen Vorlage orientierte literarische Hiob-Transformation in die Welt des frühen 20. Jahrhunderts vor, die in jedem Falle sehr beachtenswert ist.

Hintergrund ist die für Wells wie für seine ganze Generation erschütternde Erfahrung des Ersten Weltkriegs. Der optimistisch aufklärerische Glaube an die menschliche Vernunft war hier ein für alle Mal zerstört. Kronzeuge dieser Weltbilderschütterung wird für Wells – ansonsten ein religionskritischer Agnostiker – ausgerechnet Hiob, der eine ähnliche geistig-paradigmatische Krise im Ersten Testament bezeugt. Job Huss, der englische Hiob des 20. Jahrhunderts, durchläuft seinem biblischen Urbild vergleichbare Entwicklungsstufen, um am Ende – wie jener – sich trotz allem dem Leben wieder neu zuzuwenden. Kraft dazu gibt ihm das dem Roman seinen Titel gebende „unsterbliche Feuer" im Menschen, mit dessen Hilfe er den weitergehenden Kampf für das Gute wagen kann.

Zwei Szenen dieses Dialogromans sind hier abgedruckt. Zunächst werfen wir einen Blick auf die zeitgemäß ausgestaltete Umsetzung des „biblischen Vorspiels", dann in die Schilderung des Endkonflikts: Job Huss' Ringen um entweder eine letztgültige Resignation oder um eine mutgeprägte Wiederzuwendung zum Leben im Namen Hiobs.

Die großen geflügelten Wesen rückten näher, denn Satan ist der Märchenerzähler des Himmels. Er allein erfindet Geschichten.

„Es gab einen Mann im Lande Uz, der Job hieß."

„Wir erinnern uns an ihn."

„Wir haben einmal eine Wette abgeschlossen", sagte der Satan. „Es ist schon ziemlich lange her."

„Die Wette war nie sehr klar – und jetzt, wo du mich daran erinnerst, fällt mir ein, daß es keinen Nachweis gibt, daß du bezahlt hast."

„Habe ich verloren oder gewonnen? Der Ausgang wurde in der Diskussion nie klargestellt. Wie diese Männer gesprochen haben! Ihr habt Euch eingeschaltet. Es gab keine Entscheidung."

„Du hast verloren, Satan", sagte ein großes Lichtwesen, das ein Buch in Händen hielt. „Die Wette ging darum, ob Job den Glauben an Gott verlieren und ihn verfluchen würde. Er war in jeder Hinsicht geschlagen, vor allem durch die Reden seiner Freunde. Aber im Menschen bleibt ein unsterbliches Feuer zurück."

Satan stützte sein dunkles Gesicht in die Hand und blickte zwischen seinen Knien durch den durchsichtigen Boden auf den kleinen Wirbel im Äther, der unsere Welt darstellt.

„Job", sagte er, „lebt noch."

Und nach einer Pause: „Die ganze Erde ist heute – Job."

Es gefällt Satan in gleichem Maß, über Statistik zu sprechen wie die Schrift zu zitieren. Mit einem Ausdruck ruhiger Genugtuung lehnte er sich in seinen Stuhl zurück.

„Job", sagte er in verbindlichem Erzählton, „wurde sehr alt. Nach seinen unangenehmen Erlebnissen wurde er noch hundertvierzig Jahre alt. Er zeugte wieder sieben Söhne und drei Töchter, und er sah vier Generationen seiner Nachfahren. Soweit die klassische Erzählung. Diese zehn Kinder schenkten ihm siebzig Enkel, welche Wohlstand

erwarben und alle große Familien hatten. (Es war ein sehr fruchtbarer Stamm.) Wenn wir nun pro Jahrhundert drei Generationen annehmen, und in Wirklichkeit dürften es noch mehr sein, und wenn wir pro Familie rund drei Überlebende rechnen und derselben Meinung wie der ehrenwerte Bischof Usher sind, daß Job vor fünfunddreißig Jahrhunderten lebte, dann macht das – wieviel? Drei hoch hundertfünfzig? ... Das ergibt auf jeden Fall eine Zahl, die weit höher ist als die heutige Bevölkerung der Erde ... Ihr habt hier Erdkugeln und Schriftrollen und Schwerter und Sterne; hat auch jemand einen Rechenschieber?"
Aber die Berechnung wurde hinweggewischt.
„Vor meinem Auge sind tausend Jahre wie der gestrige Tag, der vorüber ist. Ich gewähre dir, was du zu beweisen suchst, daß Job zur ganzen Menschheit geworden ist."
Der dunkle Blick Satans durchdrang das pulsierende Universum und ließ die rasenden Lichtwellen hinter sich.
„Schaut hin", sagte er und wies mit der Hand nach unten.
„Mein alter Freund auf seinem kleinen Planten – Adam – Job – der Mensch – wie der Braten auf einem Spieß. Es ist Zeit, daß wir eine neue Wette eingehen."
Gott ließ sich dazu herab, zusammen mit Satan auf die Menschheit zu blicken, die zwischen Tag und Nacht ihre Kreise zog. „Ob er mich verfluchen oder preisen wird?"
„Ob er sich überhaupt noch an Gott erinnert?"

Durch die Jahrhunderte hindurch hatte die Stimme Jobs geklagt, durch Jahrhunderte hindurch wird sie klagen. Durch die Jahrhunderte brennt das Feuer seines Glaubens, flackert, droht zu verlöschen. Aber sind Jobs Klagen berechtigt?
Hat er wirklich einen Grund sich zu beklagen? Sein Geist ist durch das Dunkel des Unglücks verdüstert worden. Die Leiden seines Körpers haben sich in der ganzen Welt

widergespiegelt. Er hat sich in Krankheit und Grausamkeit und Tod vergraben. Aber gibt es auch nur eine Untat, eine Grausamkeit oder ein Leiden, das sich der Möglichkeit entzieht, durch den Menschen gebessert zu werden? Wäre dem so, dann könnte er zurecht darüber klagen, daß Gott ihn verspottet hat ... Ist der Sonnenuntergang häßlich und bedrohlich? Ekeln uns die Berge an, stoßen uns die entlegenen Hügel ab? Gibt es einen Fehler im sternübersäten Himmel? Und ist auch das Leben von Tieren und Menschen düster und unfreundlich, so ist doch ihr Körperbau unvergleichlich edel. Du hast gehöhnt, weil die Schönheit von Zelle und Gewebe einen Idioten hervorbringen kann. Warum, o Mensch, bringen sie einen Idioten hervor? Hast du keinen Willen, hast du keine Einsicht, daß du dies zuläßt? Die Düsternis, die Häßlichkeit, die Grausamkeit sollen für dich eine Herausforderung sein. In dir liegt die Macht, alle diese Dinge zu lenken ..."
Durch seinen umwölkten Geist brach das Sonnenlicht des Satzes:
„Die Macht, all diese Dinge zu lenken. Die Macht zu lenken –"
„Du hast dich zu sehr in den Schmerz vergraben. Schmerz ist eine vorübergehende Störung; sie endet und wird vergessen. Ohne Erinnerung und Angst ist der Schmerz nichts, eine Warnung, auf die man achten soll, ein Auflehnen. Was wäre das Leben ohne Schmerz? Der Schmerz kann sich nur der feigen Menschen bemächtigen. Es liegt in der Macht des Menschen, alle Dinge zu beherrschen ..."

„O Gott!" rief er, „antworte mir! Denn Satan hat mich fürchterlich verhöhnt. Antworte mir, bevor ich dich wieder aus den Augen verliere. Habe ich ein Recht zu kämpfen? Habe ich recht, daß ich von meiner kleinen Erde hier herauf zu den Sternen komme?"

„Du hast recht, es zu wagen."

„Werde ich siegen und Erfolg haben? Versprich es mir!"

„Du kannst in alle Ewigkeit siegen und wirst doch immer neue Welten finden, die zu besiegen sind."

„Ich *kann* – aber *werde* ich?"

Es war, als halte der Strom geschmolzener Gedanken plötzlich an. Es war, als halte alles plötzlich an.

„Antworte mir", rief er.

Langsam setzten sich die leuchtenden Gedanken wieder in Bewegung.

„Solange dein Mut andauert, solange wirst du siegen ... Solange dein Mut anhält, so wird der Sieg dein sein – auf eine Art, die du verstehen wirst – wenn er endlich kommt – auch wenn die Nacht dunkel ist, auch wenn der Kampf blutig und grausam ist und auf sonderbare, böse Art enden wird. Nur verliere nicht den Mut. Alles hängt von dem Mut ab, den du im Herzen trägst. Der Mut ist es, der die Sterne Tag um Tag ihre Kreise ziehen läßt. Der Mut des Lebens allein ist es, der Himmel und Erde auseinanderhält ... Wenn dieser Mut erlischt, wenn das heilige Feuer verlöscht, dann vergehen alle Dinge und verlöschen – alles, das Gute und das Böse, Raum und Zeit."

„Und es bleibt nichts?"

„*Nichts*"

Quelle: *Herbert George Wells,* Unsterbliches Feuer [1]1919 (Frankfurt/ Berlin/Wien 1985), S. 13–15; 201–205. © Estate of H.G. Wells und Paul Zsolnay Verlag m.b.H., Wien/Hamburg 1985.

Lesehinweis: *Michael Draper,* H.G. Wells (Basingstoke/London 1987).

2. George Bernard Shaw:
„Hiob – schwer von Begriff"

Der zweite Text stammt von dem protestantischen irischen Literaturnobelpreisträger *George Bernard Shaw* (1856–1950), der hauptsäch-
lich durch seine nach wie vor vielgespielten Dramen bekannt wurde.
Im Jahre 1932 schrieb er jedoch eine für ihn einzigartige Prosa-
Legende, der er den Titel gab: „Die Abenteuer des schwarzen
Mädchens auf der Suche nach Gott". Wie – so seine Ausgangsfrage
hier – würden sich die Bibel und ihr Gottesbild einem völlig
unvoreingenommenen Betrachter darstellen, der mit wachem Geist
und gesundem Menschenverstand erstmals mit ihnen in Berührung
käme?

Er wählt für dieses fiktiv-spielerische Experiment ein soeben missio-
niertes schwarzes Mädchen, das nacheinander Verkörperungen der
verschiedenen Gottesbilder der Bibel begegnet. Ernsthafte und dennoch selbstironische Pointe dieser Legende: eine Gottesinkarnation
nach der anderen wird als unzureichend verabschiedet. Das
schwarze Mädchen gibt schlußendlich die Suche nach Gott auf und
findet zusammen mit einem irischen Sozialisten im täglichen Fami-
lien- und Alltagsleben ihre Erfüllung. Der Textauszug schildert die
Begegnung des schwarzen Mädchens mit dem Gott Hiobs. Die
zugehörige Original-Illustration stammt von *John Farleigh.*

Alsbald kam die Brillenschlange zurück und gab dem
Mädchen einen Wink, ihr zu folgen, was es auch tat.
Sie führte es auf eine freundliche Lichtung, da saß ein ält-
licher Herr mit silberweißem Bart und Haar, ebenfalls in
einem weißen Nachthemd, an einem Tisch, der mit einem
weißen Tuch bedeckt war und übersät von Gedichthand-
schriften und Federkielen aus Engelsflügeln. Er sah eigentlich recht gutmütig aus, aber seine nach oben gebogenen
Schnurrbartspitzen und Augenbrauen deuteten auf eine

selbstzufriedene Schläue hin, die das schwarze Mädchen
für albern hielt.

„Brave kleine Zisch-Zisch", sagte er zu der Schlange. „Du
hast mir jemanden zum Streiten mitgebracht." Und er
schenkte der Schlange ein Ei, das sie fröhlich in den Busch
davontrug.

„Hab keine Angst vor mir", sagte er zu dem schwarzen
Mädchen. „Ich bin kein grausamer Gott: ich bin ein ver-
nünftiger. Ich tue nichts Schlimmeres als streiten. Ich
treffe immer den Nagel auf den Kopf und habe immer
recht. Verehr mich nicht. Mache mir Vorwürfe. Entdecke
Fehler an mir. Schone nicht meine Gefühle. Gib mir
etwas zu knacken und zu beißen, damit ich darüber streiten kann."

„Hast du die Welt gemacht?" sagte das schwarze Mädchen.
„Natürlich", sagte er.

„Warum hast du soviel Böses darin gemacht?" sagte es.

„Großartig!" sagte der Gott. „Genau das wollte ich von dir
gefragt werden. Du bist ein kluges, ein gescheites Mädchen.
Ich hatte einmal einen Diener namens Hiob, mit dem
konnte ich Streitgespräche führen. Aber er war so beschei-
den und schwer von Begriff, daß ich ihn mit den fürchter-
lichsten Mißgeschicken überschütten mußte, bis ich ihn
soweit hatte, daß er sich beschwerte. Seine Frau gab ihm
den Rat, mich zu verfluchen und zu sterben; und ich wun-
dere mich nicht über die Arme, denn ich habe es ihm
schrecklich schwergemacht, obwohl ich hinterher schon
für Ausgleich sorgte. Als ich ihn endlich soweit hatte, daß er
sich mit mir anlegte, hielt er noch große Stücke auf sich.
Aber ich zeigte es ihm! Da gab er zu, daß ich ihm überlegen
war. Den habe ich ganz schön kleingekriegt, sag ich dir."

„Ich will keine Streitgespräche führen", sagte das schwarze
Mädchen. „Ich will wissen, warum du die Welt so schlecht
gemacht hast, falls du sie wirklich gemacht hast."

„Schlecht!" schrie der Rechthaber, der immer den Nagel auf den Kopf traf. „Ho! Du spielst dich aber auf, willst mich gleich zur Rechenschaft ziehen! Wer bist du überhaupt, ich bitte sehr, daß du mich kritisierst? Kannst du denn eine bessere Welt machen? Versuch's doch mal, da hast du's schon. Versuch nur mal ein ganz kleines Stück davon zu machen, zum Beispiel einen Leviathan. Zieh ihm einen Haken durch die Nase und bring ihn mir, wenn du fertig bist. Begreifst du denn, du lächerliches kleines Wurm, daß ich nicht allein den Leviathan erschaffen habe, sondern auch das Meer, darin er schwimmt? Den ganzen mächtigen Ozean, hinab bis in die bodenlosen Tiefen und hinauf bis an den äußersten Horizont. Du glaubst wohl gar, das sei einfach gewesen! Du glaubst, du könntest es besser machen! Laß mich dir etwas sagen, junge Frau: Bilde dir lieber nichts ein. Nicht eine Maus könntest du erschaffen – und spielst dich vor mir auf, der ich das Riesenfaultier erschaffen habe. Keinen Tümpel könntest du erschaffen – und wagst es, mich, den Schöpfer der sieben Meere, anzusprechen. In fünfzig Jahren wirst du häßlich und alt und tot sein! Meine Herrlichkeit dagegen wird ewig dauern. Und du nimmst mich hier in die Pflicht, als wärest du meine Tante. Du glaubst wohl, nicht wahr, daß du besser bist als Gott? Was hast du auf dieses Argument zu sagen?"

„Das ist kein Argument, es ist eine abfällige Bemerkung", sagte das schwarze Mädchen. „Du scheinst nicht zu wissen, was ein Argument ist."

„Was! Ich, der ich den Hiob kleingekriegt habe, wie alle Welt zugibt, ich soll nicht wissen, was ein Argument ist! Da kann ich nur lachen, Kind", sagte der alte Herr ziemlich beleidigt, aber zu überrascht, um die Lage ganz zu erfassen.

„Es macht mir nichts, wenn du mich auslachst", sagte das schwarze Mädchen. „Aber du hast mir immer noch nicht gesagt, warum du die Welt nicht durch und durch gut gemacht hast, statt gut und böse vermischt. Es ist keine Antwort, wenn du mich fragst, ob ich sie hätte besser machen können. Wenn ich Gott wäre, gäbe es keine Tse-Tse-Fliegen. Meine Menschen würden nicht in Krämpfen zu Boden fallen und hätten keine schrecklichen Geschwüre und würden keine Sünden begehen. Warum hast du der Mamba einen Giftzahn gegeben, wo andere Schlangen ebensogut auch ohne ihn leben können? Warum hast du die Affen so garstig gemacht und die Vögel so hübsch?"

„Warum nicht?" sagte der alte Herr. „Antworte mir!"

„Warum aber? Es sei denn, du bist schadenfroh", sagte das schwarze Mädchen.

„Die Frage einfach umdrehen, das ist kein Disputieren", sagte er. „Da hört das Spiel auf."

„Ein Gott, der meine Fragen nicht beantworten kann, nützt mir nichts", sagte das schwarze Mädchen. „Übrigens, wenn du wirklich alles gemacht hättest, dann wüßtest du auch, warum du den Leviathan so häßlich gemacht hast, wie er auf den Bildern aussieht."

„Und wenn ich meinen Spaß haben wollte und ihm deshalb ein komisches Aussehen gegeben habe, was geht dich das an?" sagte er. „Wer bist du, mir vorzuschreiben, wie ich die Dinge machen soll?"

„Ich habe dich satt", sagte das schwarze Mädchen. „Immer wieder verfällst du in die gleichen schlechten Manieren. Ich glaube nicht, daß du überhaupt jemals etwas gemacht hast. Hiob muß sehr einfältig gewesen sein, dich nicht zu durchschauen. Es gibt zu viele alte Männer hier im Busch, die tun, als wären sie Götter."

Mit hocherhobenem Knotenstock sprang es auf ihn zu, er aber duckte sich behend unter den Tisch, der, wie es dem Mädchen schien, sogleich im Erdboden versunken sein mußte, denn als es hinkam, war nichts mehr da. Und wie es nun wieder Zuflucht zu seiner Bibel nahm, packte der Wind die nächsten dreißig Seiten, riß sie heraus und zerfledderte sie über den Bäumen zu Staub.

Quelle: *Bernard Shaw,* Die Abenteuer des schwarzen Mädchens auf der Suche nach Gott [1]1932, Ü.: Ursula Michels-Wenz (Frankfurt 1989), S. 14–18. © Suhrkamp Verlag Frankfurt am Main, 1989.

Lesehinweis: *Michael Holroyd,* Bernard Shaw, 4 Bde. (London 1988–1992).

3. Thomas Mann: „Hiob im Religionsunterricht"

Daß sich der Literaturnobelpreisträger *Thomas Mann* (1875–1955) intensiv mit biblischen Themen und ihrer literarischen Transformation beschäftigt hat, wird spätestens im Blick auf die gewaltige Romantetralogie „Joseph und seine Brüder" evident. Im Gegensatz zu anderen Autoren reizt ihn Hiob jedoch wohl nur wenig. An einer Stelle freilich läßt er uns Zeuge einer Religionsunterrichtsstunde über Hiob werden, die Hanno Buddenbrook aus Manns großem Erstlingsroman von 1901 gelangweilt und völlig desinteressiert über sich ergehen lassen muß. Oberlehrer Ballerstedt, ein verhinderter Prediger in seinen Vierzigern, demonstriert meisterhaft, wie man einen solchen „Stoff" in keinem Fall präsentieren darf: als Wissensstoff, vorgesetzter Lerninhalt, Doziermaterial. „Niemand hörte ihm zu", heißt es im Text. Wenn also Hiob ein Zeitgenosse sein soll, dann hängt dies mit einer stimmigen Vermittlung untrennbar zusammen. So nicht, Herr Ballerstedt!

„Nun ...", sagte er abermals, sah in der Klasse umher, bewegte wieder seine schwach geballte Faust mit dem kleinen Brillanten und blickte in sein Notizbuch. „Perlemann. Die Übersicht."
Irgendwo in der Klasse erhob sich Perlemann. Man merkte es kaum, daß er emporstieg. Er war einer von den Kleinen, Vorgeschrittenen. „Die Übersicht", sagte er leise und artig, indem er mit ängstlichem Lächeln den Kopf vorstreckte. „Das Buch Hiob zerfällt in drei Teile. Erstens der Zustand Hiobs, ehe er in das Kreuz oder Züchtigung des Herrn geraten; Kapitel eins, Vers eins bis sechs. Zweitens das Kreuz selbst und was sich dabei zugetragen; Kapitel ..."
„Es war richtig, Perlemann", unterbrach ihn Herr Ballerstedt, gerührt von soviel zager Willfährigkeit, und schrieb eine gute Note in sein Taschenbuch.

„Wasservogel, fahren Sie fort."

Der Schüler Wasservogel stand auf, ein Junge mit entzündeten Augen, aufgestülpter Nase, abstehenden Ohren und zerkauten Fingernägeln. Er vollendete mit weichlicher Quetschstimme die „Übersicht" und fing an von Hiob, dem Manne im Lande Uz, zu erzählen, und was sich mit ihm begeben. Er hatte das Alte Testament hinter dem Rücken seines Vordermannes aufgeschlagen, las darin mit dem Ausdruck vollendeter Unschuld und hingebender Nachdenklichkeit, starrte dann auf einen Punkt der Wand und sprach, indem er das Erschaute unter Stocken und quäkendem Husten in ein hilfloses, modernes Deutsch übersetzte ... Er hatte etwas äußerst Widerliches an sich, aber Herr Ballerstedt lobte ihn sehr für alle seine Bemühungen. Der Schüler Wasservogel hatte es insofern gut im Leben, als die meisten Lehrer ihn gern und über seine Verdienste lobten, um ihm, sich selbst und den anderen zu zeigen, daß sie sich durch seine Häßlichkeit keineswegs zur Ungerechtigkeit verführen ließen ...

Und die Religionsstunde nahm ihren Fortgang. Verschiedene junge Leute wurden noch aufgerufen, um sich über ihr Wissen um Hiob, den Mann im Lande Uz, auszuweisen, und Gottlieb Kaßbaum, Sohn des verunglückten Großkaufmanns Kaßbaum, erhielt trotz seiner zerrütteten Familienverhältnisse eine vorzügliche Note, weil er mit Genauigkeit feststellen konnte, daß Hiob an Vieh siebentausend Schafe, dreitausend Kamele, fünfhundert Joch Rinder, fünfhundert Esel und sehr viel Gesindes besessen habe.

Dann durften die Bibeln aufgeschlagen werden, die meistens schon aufgeschlagen waren, und man fuhr mit Lesen fort. Kam eine Stelle, die Herrn Ballerstedt der Erläuterung bedürftig erschien, so schwoll er an, sagte: „Nun ..." und hielt nach den üblichen Vorbereitungen einen kleinen mit allgemeinen moralischen Betrachtungen untermischten Vortrag über den fraglichen Punkt. Kein Mensch hörte ihm zu. Friede und Schläfrigkeit herrschten im Zimmer. Die Hitze war durch die beständig arbeitende Heizung und die Gaslampen schon ziemlich stark geworden und die Luft durch diese fünfundzwanzig atmenden und dünstenden Körper schon ziemlich verdorben. Die Wärme, das gelinde Sausen der Flammen und die monotone Stimme des Vorlesenden legten sich um die gelangweilten Gehirne und lullten sie in dumpfe Traumseligkeit. (...) Hanno Buddenbrook saß zurückgelehnt und zusammengesunken und blickte mit schlaffem Munde und schwimmenden, heißen Augen auf das Buch Hiob, dessen Zeilen und Buchstaben zu einem schwärzlichen Gewimmel verschwammen. Manchmal, wenn er sich des Gralmotives oder des Ganges zum Münster erinnerte, senkte er langsam die Lider und fühlte ein innerliches Schlucken. Und sein Herz betete, es möchte möglich sein, daß diese gefahrlose und friedevolle Morgenstunde niemals ein Ende nähme. (...)

„So weit!" sagte Herr Ballerstedt und ließ sich das Klassenbuch reichen, um darin mit seinem Namenszeichen zu bescheinigen, daß er diese Stunde seines Amtes gewaltet. Hanno Buddenbrook schloß seine Bibel und reckte sich zitternd und mit nervösem Gähnen; als er aber die Arme senkte und die Glieder abspannte, mußte er eilig und mühsam aufatmen, um sein Herz, das einen Augenblick schwach und wankend den Dienst versagte, ein wenig in Takt zu bringen. Jetzt kam das Lateinische ...

Quelle: *Thomas Mann*, Buddenbrooks. Verfall einer Familie [1]1901 (Frankfurt 1988), S. 607–610 (Auszug). Copyright S. Fischer-Verlag, Berlin 1901.

Lesehinweis: *Hermann Kurzke*, Thomas Mann. Epoche – Werk – Wirkung (München 1985).

4. Friederike Mayröcker: „Hiobs-Post heute"

Die 1924 in Wien geborene Dichterin *Friederike Mayröcker* gilt als eine der herausragenden Figuren der sogenannten „konkreten Poesie". Ihre dem Surrealismus nahestehenden Gedichte und Prosabücher sind jenseits einer Normal-Logik angesiedelt, spiegeln jedoch jene wirkliche Realität wider, die das „euphorische Auge" der Dichterin wahrnimmt. Die Frage nach dem „Sinn" dieser Texte soll in ihrer scheinbaren Selbstverständlichkeit entlarvt werden, der Mensch könne Sinn schaffen und erkennen. Der folgende Text wurde 1972 geschrieben und konzentriert sich in einer Art Permutationstechnik auf die Gesprächsanweisungen des Hiobdialogs: ein ständiges Sprechen, Widersprechen, Gegensprechen, Nebeneinanderhersprechen – scheinbar ohne Ergebnis und Lösung. Im „post scriptum" freilich wird Hiobs heutige Bedeutung noch einmal konkret gefaßt: Er ist „Span im Fleisch der Welt".

HIOBS-POST oder die 19 auftritte

als dieser noch redete kam ein anderer und sprach
als dieser sprach kam ein anderer und verkündete
noch redete dieser als ein anderer eintrat
    und sprach
während dieser noch sprach trat ein anderer ein
    und verkündete
als dieser redete kam ein anderer und sprach
als dieser noch sprach trat ein anderer ein
    und verkündete
als dieser noch redete kam ein anderer und sprach
während dieser noch sprach kam ein anderer
    und verkündete
noch redete dieser als ein anderer kam und sprach
als dieser noch sprach kam ein anderer
    und verkündete
als dieser noch redete kam ein anderer und sprach

während dieser noch sprach kam ein anderer
und verkündete
noch sprach dieser als ein anderer eintrat
und sprach
noch redete dieser als ein anderer kam
und verkündete
noch sprach dieser als ein anderer kam
und verkündete
noch redete dieser als ein anderer eintrat
und sprach
während dieser noch redete trat ein anderer ein
und sprach
als dieser noch redete kam ein anderer
und verkündete
als dieser noch sprach kam ein anderer und sprach

post scriptum: .. war er früher Wasserpfeife und
Krokodil schön sanft und fröhlich
Herde gegängelter Wind und
Spätregen April:
so ist er jetzt Span im Fleisch der Welt

ein
schreckliches Schaugebilde von Würmern
zernagt in seinen Gedanken verwirrt
und bereit zum Tode ..

Quelle: *Friederike Mayröcker,* Arie auf tönernen Füßen. Metaphysisches Theater (Neuwied/Darmstadt 1972), S. 21f, aus: Friederike Mayröcker, Gesammelte Prosa. © Suhrkamp Verlag Frankfurt am Main 1989.

Lesehinweis: *Siegfried J. Schmidt* (Hrsg.), Friederike Mayröcker (Frankfurt 1984).

5. Peter Henisch: „Hiobs heutige Klagepsalmen"

Der 1943 in Wien geborene und seitdem dort lebende Romancier –
bekannt vor allem sein Vaterbuch „Die kleine Figur meines Vaters"
von 1975 –, Liedermacher und Lyriker *Peter Henisch* veröffentlichte
1989 seine bis dato gültige lyrische Lebenssumme unter dem
programmatischen Titel „Hamlet, Hiob, Heine". Tatsächlich lassen
sich literarische Auseinandersetzungen mit Hiob bei diesem Autor
schon früh in seinem vielfältigen Lebenswerk nachweisen, vor allem
auch in dem schon 1977 erschienenen Gedichtband „Mir selbst auf
der Spur / Hiob". Die biblische Leidensgestalt ist für Henisch eine
biographische Identifikationsfigur, das literarische Ringen mit ihr
Ausdruck seiner geistig-religiösen Bewältigung der Gegenwart.
Die zwei hier dokumentierten Texte entstammen den genannten
Bänden. Das erste Gedicht von 1977 wurde dabei – im Gegensatz zu
vielen anderen Texten aus demselben Zyklus – nicht in den Band von
1989 aufgenommen.

(hiobs letzter psalm)

hast mich mit wahrheit
geschlagen
gott

nun ist das dickicht
das ich bewohne
fremd
die tränke
kann ich wohl finden
doch bleibt mir der durst

meinen brüdern
bin ich ein dorn

tilgen
wollen sie meine fährte
der sie nicht folgen

wenn du mir schnee schickst
ohne
den dunst ihrer leiber

was
werde ich
tun?

HIOBS PSALM

Nicht zur Ruhe gekommen
seit 3000 Jahren

Unsere Klagen
          nicht ernst genommen
Unsere Ängste
          verspottet unsere Hoffnungen
Unsere Fragen
          nicht beantwortet

Der Gottlose
geht zugrund
wer sich beugt unter Gott
wird errettet   schön wärs

Verträge
      nicht eingehalten
Versprechungen
         nicht eingelöst
Vertröstungen
        statt Trost

Warte noch
eine kleine Weile
Wie lang?

Was damals Zukunft war
ist Vergangenheit
Wir sind Gegenwart

Ewige Geistes-
gegenwart O Dein
Zynismus Ich
Dein Ebenbild &
Dein Gegenbild

Was bisher geschah
ist zu wenig
        zu viel zu
wenig so
alpträumen wir so
wunschträumen wir

nach wie vor
schlaflos

Quelle: *Peter Henisch*, Mir selbst auf der Spur/Hiob. Gedichte (Verlag
G. Grasl, Baden b. Wien 1977), S. 60; *ders.*, Hamlet, Hiob, Heine.
Gedichte (Salzburg 1989), S. 66f. © 1989 Residenz Verlag, Salzburg
und Wien.

Lesehinweis: *Eva Schobel*, Peter Henisch. Eine Monographie (Diss.
Wien 1988)

6. Dan Pagis: „Hiob – nur ein Gleichnis"

Dan Pagis (1930–1986) war einer der wichtigsten zeitgenössischen, in hebräischer Sprache schreibenden Lyriker Israels. Im Zivilberuf war der aus der berühmten Dichterheimat Bukowina stammende, aber seit 1947 in Israel lebende Dichter Professor für mittelalterliche hebräische Dichtung an der Hebräischen Universität in Jerusalem. In seinen insgesamt sechs Gedichtbänden – eine Auswahl davon liegt seit 1993 auf Deutsch vor – finden sich zahlreiche Anspielungen auf biblische Figuren und Erzählungen, die auf Gegenwartsereignisse bezogen und gedeutet werden. Das hier abgedruckte Hiobgedicht stammt aus dem Jahr 1982.

Predigt

Schon zu Beginn waren die Kräfte ungleich: Satan ein großer Herr im Himmel, und Hiob Fleisch und Blut. Auch sonst war die Wette ungerecht. Hiob, seines Reichtums beraubt, Söhne und Töchter verloren, mit Aussatz geschlagen, wußte gar nicht, daß es eine Wette war.

Da er sich zu heftig beklagte, hieß ihn der Richter schweigen. Und siehe, weil er gestand und schwieg, besiegte er seinen Gegner, ohne es zu wissen. So wurde nun Hiob sein Hab und Gut zurückerstattet, und er bekam Söhne und Töchter – neue, natürlich, und die Trauer um die früheren wurde von ihm genommen.

Wir könnten meinen, daß diese Entschädigung das Fürchterlichste von allem sei. Wir könnten meinen, daß das Schrecklichste die Unwissenheit Hiobs sei: nicht zu wissen, daß er gesiegt hatte, und über wen. Aber das Allerfürchterlichste ist, daß es Hiob überhaupt nicht gab, daß er nur ein Gleichnis war.

Quelle: *Dan Pagis*, Erdichteter Mensch. Gedichte hebräisch/deutsch (Frankfurt 1993), S. 85. © Jüdischer Verlag Frankfurt am Main 1983.

7. Peter Maiwald: „Ich kann von Glück sagen"

Der 1946 geborene Lyriker *Peter Maiwald* hat sich vor allem als Lyriker und Kurzgeschichtenautor einen guten Ruf in der neuesten deutschen Literaturszene erworben. Seine Gedichte zeichnen sich durch
prägnant-eingängige Bilder und Rhythmen aus, sind im besten Sinne
Alltagslyrik im Form von Lebensspiegelungen. Sein 1992 veröffent-
lichtes Hiobgedicht zeichnet sich im Anschluß an Mayröcker – und
vielleicht im Sinne des Zeitgeistes der neunziger Jahre? – dadurch
aus, daß hier dem spielerischen Fluß der Verse der Vorzug ein-
geräumt wird vor einer existentiell-reflektiert tiefschürfenden Auseinandersetzung mit Hiob. Nur eine Spielerei mit Bildern?

Hiob

Ich kann von Glück sagen.
Ich bin von Pech verfolgt.
Ich bin der Unglücksrabe
der doch glücklich kolkt.

Ich bin das Unglückswürmchen
das sich selig windet.
Das blinde, blinde Huhn
das noch ein Körnchen findet.

Ich bin der Jammerlappen
der sich selber säubert.
Ich bin das Opfer
das sich selbst ausräubert.

Ich bin der Schmerzensmann
der Leidensdulder.
Ich bin unschuldig doch
mein bester Schulder.

Ich bin am Ende und
mein eigner Alphamann.
Ich leid die Welt
weil ich mich leiden kann.

Quelle: *Peter Maiwald,* Springinsfeld. Gedichte [1]1992 (Frankfurt 1994), S. 47, © 1992 S. Fischer Verlag GmbH, Frankfurt am Main.

II. Hiob – Symbolfigur des Leidens

Keine Frage, das Besondere an diesem biblischen Hiob ist sein Schicksal als Leidender. Er ist geradezu zum archetypischen Jedermann einer Zeit geworden, die durch übermenschliches Leiden geprägt und gezeichnet ist. So wurde er, mit den Worten des protestantischen Theologen *Heinz Zahrnt,* zum „Urbild des leidenden Menschen in der Welt"[26].

Hiob beklagt dieses sein eigenes ungerechtfertigtes Leiden, bleibt aber nicht bei dieser egozentrischen Klagehaltung stehen, sondern öffnet die Perspektive auf die Leidenssituation aller Menschen, auf die Ungerechtigkeitsordnung der Schöpfung insgesamt: „Ist nicht Kriegsdienst des Menschen Leben auf Erde?" (7,1), fragt er als Stellvertreter der Menschheit, und provozierend behauptet er über Gott: „Schuldlos wie schuldig bringt er um" (9,22). Der jüdisch-amerikanische Schriftsteller *Maurice Friedman* führt hierzu in einer frühen Studie zur literarisch-archetypischen Rezeptionsgeschichte Hiobs aus: „Hiob spricht für den Menschen schlechthin, weil er für sich selber spricht... sein Protest wird zum Protest gegen das Leid aller Menschen, sein Zeugnis für sich selbst zum Zeugnis für den Menschen schlechthin."[27]

Doch mehr noch: Hiob spricht nicht nur im Namen aller Menschen, er verkörpert auch das gesamte Spektrum der menschenmöglichen Reaktion auf Leiden: demütige Erge-

---

[26] *Heinz Zahrnt,* Wie kann Gott das zulassen? Hiob – der Mensch im Leid (München/Zürich 1985), S. 20.

[27] *Maurice Friedmann,* Problematic Rebel. Melville, Dostoievsky, Kafka, Camus (Chicago/London ²1970), S. 18.

bung wie rebellische Erhebung, passive Hinnahme wie
lautstarke Gerechtigkeitseinforderung, schweigende Trauer wie klagende Protestrede, Rückzug in die brütende Iso-
lation wie Hinwendung zum Trostgespräch mit Freunden.
Welche der hier genannten Möglichkeiten hat die Literatur aufgegriffen? Welche Facetten Hiobs wurden ausgestal-
tet, welche verschwiegen? Und bei welchen Umständen
und Gelegenheiten griffen Schriftsteller auf Hiob als Leidensgestalt zurück? Wodurch war die jeweilige gesellschaftliche und biographische Situation geprägt? Die Texte der zweiten Abteilung dieser Anthologie wollen darauf
eine Antwort geben.

1. Georg Britting: „Der verlachte Hiob"

Für den bayerischen Schriftsteller *Georg Britting* (1891–1964) – primär als heimatverbundener Naturlyriker und Kurzgeschichtenerzähler bekannt geworden – hatte der Erste Weltkrieg ähnlich verheerende Auswirkungen wie für den Engländer H.G. Wells: Das bürgerlich-moderne Weltbild war in den Grundfesten erschüttert. Britting schloß sich konsequenterweise jener künstlerischen Bewegung dieser Jahre an, welche die Verarbeitung dieser geistigen Erschütterung zu ihrem literarischen Programm machte: dem Expressionismus. So veröffentlichte er 1921 – schon in der Spätphase des Expressionismus – sein erstes Novellenbändchen unter dem Titel „Der verlachte Hiob". Wieder wird Hiob also zum literarischen Kronzeugen der Zeitkrise.

Die hier komplett abgedruckte gleichnamige Titelgeschichte dieses Bändchens erweist sich als eine makaber-ironische Groteske auf der Grenze zum übertriebenen Pathos, in welcher Hiob als Urbild menschlichen Leids zu allem Unglück auch noch von Spott und Hohn der Mitmenschen, selbst der eigenen Tochter, erniedrigt wird.

Hiob

Der dreckige alte Jude wühlte sich tiefer ins Stroh, das faulte und stank. Ein spitzer Halm bohrte sich zwischen Nagel und Fleisch der Zehe. Er stöhnte und mit den rissigen Händen erlöste er sich. Sein uraltes Gesicht war von langen Falten durchgraben. Er hob den Blick, schickte ihn über Hütte und den dürren Strauch zum hitzigblauen Himmel und begann tief zu schluchzen. Er spritzte seinen Jammer wie eine Fontäne trüben Wassers empor und ließ die Brühe rückplätschern über sich. Seine Augäpfel rollten, rund und bestürzt. Wieder ließ er vorbeidefilieren den wackelnden Trauermarsch, die langen Kolonnen von Mißgeschick. Leid, Unglück, Gemeinheit und Niederträchtigkeiten, die ihm geschehen waren. Er wußte die Reihenfolge und hielt sie genau ein. Er begann zu brüllen, als ihm das schlimmste nochmals geschah, ruderte mit den Armen und sank in Apathie zusammen. Das mistige Stroh stank. Sein Unglück betäubte ihn und er war jetzt wieder in dem Zustand, wo er in einem dämmernden Wohlgefallen an seinen Schmerzen litt. Der Wind knisterte im dornichten Strauch und der Weg über die sandige Höhe lief schnell und brennend ins Jenseitstal, aus dem der Rauch noch stieg. Hiob schlief ein. Sein Unterkiefer klappte auf und zerlöcherte Zähne klafften. Die Sonne, die wie ein gelbes Rad im Blauen wirbelte, stach ihn wieder wach. Nun fiel das Leid wuchtig auf ihn und ungeheuer klagte er. Der blaue Himmel war nur, ihm die Augen zu blenden, der Strauch trug keine Blüten, ihn zu höhnen und der Weg lief vor ihm davon und ließ ihn zurück auf dem Stroh, das ihn kichernd kitzelte. Er kratzte sich und zerrieb die Schwären, die er sich abriß, zwischen den Fingern zu einem braunen Staub und roch daran und erbrach fast vor Ekel. Er schloß die Augen und verstopfte sich die Ohren, nichts zu hören, nichts zu sehen, aber der Schmerz drang durch die Wunden seines Leibes ihm ins Blut und in schleppenden Gesängen tat er ihm genüge. Als er die Augen wieder öffnete, sah er am Hügelrand eine Staubwolke fliegen. Aus der Wolke brachen blitzend Pferdehufe. Die kleine Schar kam prasselnd näher. Die Männer trugen purpurne Kleider, ihre Bärte waren schwarz und niederhängend über die roten Lippen. Es schlugen Schwerter an ihre Sättel. Sie waren sieben und ihr Anführer jung, fast ein Knabe. Hiob ging schon wieder über die blauen Ebenen seines Schmerzes. Sein Gesicht war verzerrt in Qualen und sein Klagegesang wilder geworden, und aufrührerisch und wieder schrecklich demütig. Die Stimme zwang ihn aufzuhorchen. Sie fragte lachend: Was plärrst du, altes Scheusal? Er sah ihn gereizt an. Er schob die Lumpen auf seiner Brust auseinander, daß er die Pestlöcher sähe. Er tats, wie Achtung heischend. Er stöberte im Stroh, daß jenem der Gestank in die Nase fuhr. Er tats, wie Respekt fordernd. Die Männer kreischten fröhlich entsetzt, fuhren mit den Nasen zum Himmel vor dem Duft und sahen lachend wieder auf den Alten. Da trat aus der Hüttentür das Mädchen. Der Fremde grüßte. Das Mädchen kniete bei Hiob nieder. Der Alte fing wieder wüst zu schreien an. Er wiegte sich in den Hüften und gurgelte seinen Schmerz hervor. Du bist seine Tochter? Über das Gegröhl Hiobs stieg ihr Wort süß: ja. Und sie fuhr mit den Fingern in sein verlaustes Haar und tötete die widerlichen Tiere. Über Hiob war ein neuer Anfall gekommen. Der schüttelte seinen Körper und bebte in seinen Armen und er schäumte und heulte erbärmlich. Der Fremde sagte: Laß den Alten! Er machte den Steigbügel frei mit dem einen Fuß und neigte sich zu ihr. Das Mädchen trat mit einem kurzen Schritt zu ihm. Hiob sah auf. Es sprudelte in ihm hoch von vielen, sich überstürzenden Worten, sie zu bitten zu bleiben. Aber dann war in ihm die Verlockung des Glücks, zur letzten Grenze des Leids vorzustoßen. Er ließ die Arme sinken, die er ausgestreckt hatte. Er verschluckte jedes Wort und starrte mit rinnenden Augen vor sich hin. Das Mädchen setzte den Fuß in den Bügel. Der Fremde riß sie hoch und vor sich auf den Pferdehals. Es stieg schauerlich auf in Hiob. Er preßte die Lippen aufeinander zu schweigen. Er tastete mit den Händen im Stroh. Dann schleuderte es ihm die Zähne auseinander und ein tobendes Klagen schmetterte er hinaus, großartig und lächerlich. Beim

Wegreiten lenkte einer sein Pferd dicht an dem Alten vorbei, schlug ihm mit der Peitsche scharf über das zerfressene Gesicht, und der Sand, der unter den Hufen wegstäubte, klatschte ihm in die Augen. Ein prasselndes Lachen fetzte in seine Dunkelheit, steil stieg darüber das silberne des Mädchens in den hitzigblauen Himmel.

Quelle: *Georg Britting*, „Der verlachte Hiob", [1]1921, in: *ders.*, Frühe Werke, Prosa – Dramen – Gedichte 1920–1930, hrsg. von Walter Schmitz (Südwest Verlag München 1987), S. 117–119.

Lesehinweis: *Curt Hohoff*, Georg Britting. Der Dichter und sein Werk (München 1967)

2. Klabund: „Hiobs Leid und Glück"

Der zwischen Impressionismus und Expressionismus hin- und her-
schwankende skandalumwitterte Lyriker, Dramatiker und Erzähler
Alfred Henschke (1890–1928) wurde unter seinem Pseudonym „Klabund" bekannt. In seinem vielgestaltigen Werk finden sich unter anderem einige volksliedhafte Gedichte und Balladen, zu denen auch der
hier abgedruckte Text zählt, dessen Grundaussage nur schwer zu
begreifen ist. Die Frage ist: Liest man diesen Text als ironische Lächer-
lichmachung oder als ernsthafte Glaubensaussage? Das Gedicht schildert in jedem Falle eine klassische Position in der Frage des Umgangs
mit Leid: Das im Heute erfahrene Leid wird angesichts der vorherigen
Glücksgeschichte relativiert. Einem möglichen Protest gegen dieses Leiden wird so von vornherein die Argumentationsgrundlage entzogen.

HIOB

Und war kein Elend, das ihn nicht befiel,
Und keine Seuchen, die ihn nicht bestürzten.
Es faulte sein Getreide schon am Stiel,
Ein Riff zerspellte seines Schiffes Kiel,
Und Tränen einzig seinen Abend würzten.

Sein Haus verbrannte. Seine Mutter ward
Von den Nomaden vor der Stadt geschändet.
Ein Sohn erhängte sich am ersten Bart.
Sein einziger Bruder hatte sich geschart
Der Räuberbande, die sein Vieh entwendet.

Und die die Bitternis versüßte: sie,
Die Frau aus Ebenholz und aus Granaten:
Ihr zweiter Sohn in Brünsten spießte sie.
Mit ihren letzten Blicken grüßte sie
Den Gatten – welche wild um Rache baten.

Er aber kannte Rache nicht noch Haß,
So sehr der Schmerz sein Ackerland verwildert,
So unerschöpflich tief sein Tränenfaß.
Er sang mit seinem frommen Pilgerbaß
Dem Leben zu, das sich um ihn bebildert.

Und hast du, Herr, wie Marmor mich zerschlagen,
Und gönntest du mir nicht die kleinste Tat:
Wie darf ich gegen deine Einsicht wagen
Auch nur die jämmerlichsten meiner Klagen?
Du bist der Mäher und ich bin die Mahd.

Und sendest du auch Blitze, mich zu blenden,
Und machst du lahm den Leib, die Seele taub,
Und reißt du mir die Finger von den Händen:
Ich preise dennoch meiner Mutter Lenden
Und werde nimmer eines Unmuts Raub.

Daß einen Frühling ich im Licht erlebte,
Daß mir die Mutter süße Kuchen buk,
Daß ich als Jüngling schön in Tänzen schwebte,
Daß ich am Teppich der Gedanken webte,
War dies nicht Glück und goldnes Glück genug?

Daß ich nur einmal durft mein Weib umarmen,
Daß ich nur einmal in die Sonne sah:
Dies ist soviel schon meines Gotts Erbarmen,
Daß ich der Reichste unter allen Armen –
Lob sei und Preis dem Herrn. Hallelujah!

Quelle: *Klabund,* „Hiob", in: *ders.,* Gesammelte Werke in Einzelausgaben, Bd. 1: Gesammelte Gedichte. Lyrik–Balladen–Chansons (Wien 1930), S. 134–135.

Lesehinweis: *Gunda von Kaula,* Brennendes Herz Klabund. Legende und Wirklichkeit (Zürich/Stuttgart 1971).

3. Alfred Döblin:
„Es liegt an dir, Hiob – du willst nicht"

Alfred Döblins (1878–1957) Großstadtroman „Berlin Alexanderplatz"
wird zu Recht zu den größten Errungenschaften der deutschsprachigen Literatur unseres Jahrhunderts gezählt. Der 1929 erschienene
Reportageroman bietet ein einzigartiges Zeitzeugnis des Berlin der
Weimarer Republik, gerade weil er sich radikal der bis dato so nicht
gekannten Collagetechnik bedient: zeitlich und räumlich eigen-
ständige, weder chronologisch noch logisch streng miteinander ver-
bundene Bildfolgen und Szenen werden hier wie im Film aneinan-
dergeschnitten und erzeugen das Gefühl einer assoziativen
Gleichzeitigkeit. Verschiedene Elemente werden dazu eingesetzt:
Erzählung, Dialog, innerer Monolog, Zeitungsausschnitte, Radiosen-
dungen, Moritatenfetzen, Reklameschilder, Schlagertexte, Ausru-
ferslogans – und: biblische Sequenzen.
Vor allem alttestamentliche Figuren und Stimmen werden als Kon-
trastprogramm zum Großstadtlärm eingeblendet, und hier an vorde-
rer Stelle – Hiob. Andeutungen auf Hiob durchziehen den gesamten
Roman, doch in zwei Episoden erhält Hiob eine für das Romanganze
zentrale Bedeutung. Die erste, wichtigere und hier dokumentierte
wird umrahmt von kalt-brutalen Beschreibungen des Berliner
Schlachthofes. Und tatsächlich geht es hier darum, ob Franz Biberkopf, der als einfacher Berliner Halbweltmann Held dieses Romanes
ist, mehr sei als nur ein sein Schicksal dumpf hinnehmendes Stück
Vieh. Biberkopf führt – hier als Hiob bezeichnet – ein Gespräch mit
einer rätselhaft bleibenden „Stimme" über den Grund und die Möglichkeit der Überwindung seines Leidens. Eine zweite spätere Hiob-
passage nimmt die Gleichsetzung Biberkopf=Hiob erneut auf und
weist dem Romanhelden den „Hiobweg" – sich ohne Gerechtigkeits-
erwartung dem Leben neu zuzuwenden – als Lösung aus seinen
Problemen.

Gespräch mit Hiob, es liegt an dir, Hiob, du willst nicht
Als Hiob alles verloren hatte, alles, was Menschen verlieren
können, nicht mehr und nicht weniger, da lag er im Kohlgarten.

„Hiob, du liegst im Kohlgarten, an der Hundehütte, grade
so weit weg, daß dich der Wachhund nicht beißen kann.
Du hörst das Knirschen seiner Zähne. Der Hund bellt,
wenn sich nur ein Schritt naht. Wenn du dich umdrehst,
dich aufrichten willst, knurrt er, schießt vor, zerrt an seiner
Kette, springt hoch, geifert und schnappt.

Hiob, das ist der Palast, und das sind die Gärten und die
Felder, die du selbst einmal gekannt, den Kohlgarten, in
den man dich geworfen hat, hast du gar nicht einmal
gekannt, wie auch die Ziegen nicht, die man morgens an
dir vorbeitreibt und die dicht bei dir im Vorbeiziehen am
Gras zupfen und mahlen und sich die Backen vollstopfen.
Sie haben dir gehört.

Hiob, jetzt hast du alles verloren. In den Schuppen darfst
du abends kriechen. Man fürchtet deinen Aussatz. Du bist
strahlend über deine Güter geritten und man hat sich um
dich gedrängt. Jetzt hast du den Holzzaun vor der Nase, an
dem die Schneckchen hochkriechen. Du kannst auch die
Regenwürmer studieren. Es sind die einzigen Wesen, die
sich nicht vor dir fürchten.

Deine gnädigen Augen, du Haufen Unglück, du lebender
Morast, machst du nur manchmal auf.

Was quält dich am meisten, Hiob? Daß du deine Söhne
und Töchter verloren hast, daß du nichts besitzt, daß du in
der Nacht frierst, deine Geschwüre im Rachen, an der
Nase? Was, Hiob?"

„Wer fragt?"

„Ich bin nur eine Stimme."

„Eine Stimme kommt aus einem Hals."

„Du meinst, ich muß ein Mensch sein."

„Ja, und darum will ich dich nicht sehen. Geh weg."

„Ich bin nur eine Stimme, Hiob, mach die Augen auf, so
weit du kannst, du wirst mich nicht sehen."

„Ach, ich phantasiere. Mein Kopf, mein Gehirn, jetzt werde ich noch verrückt gemacht, jetzt nehmen sie mir noch
meine Gedanken."

„Und wenn sie es tun, ist es schade?"

„Ich will doch nicht."

„Obwohl du so leidest, und so leidest durch deine Gedanken, willst du sie nicht verlieren?"

„Frage nicht, geh weg."

„Aber ich nehme sie dir gar nicht. Ich will nur wissen, was
dich am meisten quält."

„Das geht keinen etwas an."

„Niemanden als dich?"

„Ja, ja! Und dich nicht."

Der Hund bellt, knurrt, beißt um sich. Die Stimme kommt
nach einiger Zeit wieder.

„Sind es deine Söhne, um die du jammerst?"

„Für mich braucht keiner zu beten, wenn ich tot bin. Ich
bin Gift für die Erde. Hinter mir muß man ausspeien. Hiob
muß man vergessen."

„Deine Töchter?"

„Die Töchter, ah. Sie sind auch tot. Ihnen ist wohl. Sie
waren Bilder von Frauen. Sie hätten mir Enkel gebracht,
und weggerafft sind sie. Eine nach der andern ist hinge-
stürzt, als ob Gott sie nimmt an den Haaren, hochhebt und
niederwirft, daß sie zerbrechen."

„Hiob, du kannst deine Augen nicht aufmachen, sie sind
verklebt, sie sind verklebt. Du jammerst, weil du im Kohlgarten liegst, und der Hundeschuppen ist das letzte, was
dir geblieben ist, und deine Krankheit."

„Die Stimme, du Stimme, wessen Stimme du bist und wo
du dich versteckst."

„Ich weiß nicht, worum du jammerst."

„Oh, oh."

„Du stöhnst und weißt es auch nicht, Hiob."

„Nein, ich habe –"

„Ich habe?"

„Ich habe keine Kraft. Das ist es."

„Die möchtest du haben."

„Keine Kraft mehr, zu hoffen, keinen Wunsch. Ich habe kein Gebiß. Ich bin weich, ich schäme mich."

„Das hast du gesagt."

„Und es ist wahr."

„Ja, du weißt es. Das ist das Schrecklichste."

„Es steht mir also schon auf der Stirn. Solch Fetzen bin ich."

„Das ist es, Hiob, woran du am meisten leidest. Du möchtest nicht schwach sein, du möchtest widerstreben können, oder lieber ganz durchlöchert sein, dein Gehirn weg, die Gedanken weg, dann schon ganz Vieh. Wünsche dir etwas."

„Du hast mich schon soviel gefragt, Stimme, jetzt glaube ich, daß du mich fragen darfst. Heile mich! Wenn du es kannst. Ob du Satan oder Gott oder Engel oder Mensch bist, heile mich."

„Von jedem wirst du Heilung annehmen?"

„Heile mich."

„Hiob, überleg dir gut, du kannst mich nicht sehen. Wenn du die Augen aufmachst, erschrickst du vielleicht vor mir. Vielleicht laß ich mich hoch und schrecklich bezahlen."

„Wir werden alles sehen, du sprichst wie jemand, der es ernst nimmt."

„Wenn ich aber Satan oder der Böse bin?"

„Heile mich."

„Ich bin Satan."

„Heile mich."

Da wich die Stimme zurück, wurde schwach und schwächer. Der Hund bellte. Hiob lauschte angstvoll: Er ist weg, ich muß geheilt werden, oder ich muß in den Tod. Er kreischte. Eine grausige Nacht kam. Die Stimme kam noch einmal:

„Und wenn ich der Satan bin, wie wirst du mit mir fertig werden?"

Hiob schrie: „Du willst mich nicht heilen. Keiner will mir helfen, nicht Gott, nicht Satan, kein Engel, kein Mensch."

„Und du selbst?"

„Was ist mit mir?"

„Du willst ja nicht!"

„Was."

„Wer kann dir helfen, wo du selber nicht willst!"

„Nein, nein", lallte Hiob.

Die Stimme ihm gegenüber: „Gott und der Satan, Engel und Menschen, alle wollen dir helfen, aber du willst nicht – Gott aus Liebe, der Satan, um dich später zu fassen, die Engel und die Menschen, weil sie Gehilfen Gottes und des Satans sind, aber du willst nicht."

„Nein, nein", lallte, brüllte Hiob und warf sich.

Er schrie die ganze Nacht. Die Stimme rief ununterbrochen: „Gott und Satan, die Engel und die Menschen wollen dir helfen, du willst nicht." Hiob ununterbrochen: „Nein, nein." Er suchte die Stimme zu ersticken, sie steigerte sich, steigerte sich immer mehr, sie war ihm immer um einen Grad voraus. Die ganze Nacht. Gegen Morgen fiel Hiob auf das Gesicht.

Stumm lag Hiob.

An diesem Tag heilten seine ersten Geschwüre.

Quelle: *Alfred Döblin*, Berlin Alexanderplatz. Die Geschichte des Franz Biberkopf [1]1929 (München 1965), S. 124–127. © Walter-Verlag AG, 1961.

4. Yvan Goll: „Warum ich noch lebe"

Wie Britting, Klabund und Döblin gehörte auch er zu den markantesten Erscheinungen des deutschsprachigen literarischen Expressionismus: *Yvan Goll* (1891–1950), Wanderer zwischen verschiedenen Welten, der sich selbst einmal so charakterisiert hat: Er habe „keine Heimat – durch Schicksal Jude, durch Zufall in Frankreich geboren, durch ein Stempelpapier als Deutscher bezeichnet". In der Zeit der Judenverfolgung der Nazis geht er ins Exil und verabschiedet sich auch von der deutschen Sprache, der Sprache der Verfolger, schreibt weiter in Englisch und Französisch.

1947 kehrt er von seiner Lebensodyssee nach Paris zurück, wissend, daß er unheilbar an Leukämie erkrankt ist. Sein letztes dichterisches Lebensvermächtnis, verfaßt auf dem Kranken- und Sterbebett, wird nun von zwei Faktoren bestimmt: einerseits von der Rückkehr zur deutschen Muttersprache, andererseits von seiner Auseinandersetzung mit Hiob, der ihm zur letzten poetischen wie biographischen Identifikationsfigur wird. In dieser Totalidentifikation mit Hiob ist Goll einzigartig. Immer wieder neu ringt er um seine lyrischen Hiobgedichte, mehr als dreißig Fassungen liegen vor, und in ihrer Letztgestalt bezeugen sie eindrucksvoll die Auseinandersetzung Golls mit seinem Leiden (vgl. die poetischen Bilder, mit denen er die Leukämie beschreibt) und Sterben im Bilde Hiobs. Freilich: Nur wenige direkte Anklänge erinnern noch an den Leidensweg Hiobs. Diese schwierigen, symbolbeladenen Texte sind Zeugnisse einer Existenz, welche die Protestphase bereits überwunden und sich mit ihrem Sterben ausgesöhnt hat, den Tod am Ende als Naturnotwendigkeit beklagt und gleichzeitig feiert. Und Gott? Nun, der Dichter lebt, so die eindrucksvolle Formulierung in einem der Gedichte, um dem „unsicheren Gott" „ihn selbst zu beweisen". Weitere Hinweise zur Deutung dieser Gedichte finden sich im Schlußkapitel dieses Buches. Die abgedruckten Gedichte – weitere sind ebenfalls überliefert – dürften zu den Schlußstadien der Auseinandersetzung Golls mit

Hiob gehören, geschrieben kurz vor seinem Tod. Der Dreierzyklus bildet eine Einheit, das Einzelgedicht steht für sich selbst.

Hiob

I

Mondaxt
Sink in mein Mark

Daß meine Zeder
Morgen den Weg versperre
Den feurigen Pferden

Alte Löwen meines Bluts
Rufen umsonst nach Gazellen
Es morschen in meinem Kopf
Wurmstichige Knochen

Phosphoreszent
Hängt mir im Brustkorb
Das fremde Herz

II

Verzehr mich, greiser Kalk
Zerlauge mich, junges Salz
Tod ist Freude

Und nährt mich noch der Fisch
Des Toten Meeres
Leuchtend von Jod

In meinen Geschwüren
Pfleg ich die Rosen
Des Todesfrühlings

Siebzig Scheunen verbrannt!
Sieben Söhne verwest!
Größe der Armut!

Letzter Ölbaum
Aus Asiens Wüste
Steht mein Gerippe

Wieso ich noch lebe?
Unsicherer Gott
Dich dir zu beweisen

III

Letzter Ölbaum, sagst du?
Doch goldenes Öl
Enttrieft meinen Zweigen
die segnen lernten

Im Glashaus meiner Augen
Reift die tropische Sonne

Mein Wurzelfuß ist in Marmor gerammt

Höre Israel
Ich bin der Zehnbrotebaum
Ich bin das Feuerbuch
Mit den brennenden Buchstaben

Ich bin der dreiarmige Leuchter
Von wissenden Vögeln bewohnt
Mit dem siebenfarbenen Blick

Hiob

Das ist mein Schmerzenskreis
Mein Sein wird wieder Element
Verwandelt sich zum Märchen der Muschel
Ich bin geadelt zu Nessel
Bin verzaubert zu Stein
Sieh! Aus meinem braunen Aug rieselt der Honig
Durch meine Hände blitzt der grüne Eidechs
Tastet der zarte Fühler der Schnecke
So kehr ich zu mir zurück wie die Statuen
Die nur von innen vernehmbar sind

Das Echo von Seherstimmen tönt
Aus der Höhle meiner Brust
Meine Lust ist verteilt an blaue Falter
Meine Trauer an dunkles Nachtgetier
Verfallen ist die Kuppel Sodoms
Doch ihre verlorenen Vögel
Beginnen auf mir zu schlafen
O einen Schlaf so dünn wie ein Halm
Aus dem am Morgen der Geist erblüht
Oder ein klagendes Lied

Quelle: *Yvan Goll,* Dichtungen. Lyrik – Prosa – Drama, hrsg. von Claire Goll (Darmstadt/Berlin/Neuwied 1960), S. 452–453; 588. © Argon Verlag GmbH, Berlin.

Lesehinweis: *Erhard Schwandt,* Das poetische Verfahren in der späten Lyrik Yvan Golls. Untersuchungen zur Genesis und Poetik (Berlin 1968)

5. Helmut Heißenbüttel: „Hiobsbotschaft"

Helmut Heißenbüttel, 1921 bei Wilhelmshaven geboren, ist geradezu der klassische Vertreter der deutschen literarischen Avantgarde, ein lyrischer und essayistischer Experimentalist und Sprachspieler, bemüht um extreme Reduktion des Ausdrucks, um rein phrasenhafte Sprachparodie und spielerische Provokationen im Niemandsland zwischen Wirklichkeitsbeschreibung und Nonsensdichtung – hierin Friederike Mayröcker vergleichbar. Berühmt wurde er zunächst durch seine sogenannten „Textbücher", in denen die wenig präzis scheinende Bezeichnung „Text" bewußt gewählt wurde als kleinster gemeinsamer Nenner für schriftliche Erzeugnisse überhaupt. Das fünfte dieser Textbücher, 1965 unter dem Titel „3x13 mehr oder weniger Geschichten" veröffentlicht, enthält nun einen – seinem knapp skizzierten Grundsatzprogramm verpflichteten – Hiobtext, der hier abgedruckt werden soll.

Hiobsbotschaft

ein gewisser Herr Hiob oder wie auch immer der war soetwas wie ein erfolgreicher Mann er besaß soetwas wie Einfluß und hatte soetwas wie Macht ein Herr Glückspilz oder wie auch immer Leviathan und Behemoth oder wer auch immer ihm zu Diensten denn er hatte Angst er hatte Angst und Angst war alles was er hatte er besaß sie und sie ihn und wenn immer er soetwas war wie ein erfolgreicher Mann so deshalb weil er Angst hatte
als er älter wurde folgte ihm sein Sohn Hiob junior auch er soetwas wie ein erfolgreicher Mann aber ohne Angst denn die Angst war nicht soetwas wie ein Erbe sondern das man hatte oder nicht
der Erfolg Hiob juniors stieg an und es kam ein Augenblick in dem er den Hiob seniors überstieg und genau in

diesem Augenblick ja vielleicht nur diesen einen Augenblick in dem der Erfolg Hiob juniors den Hiob seniors
überstieg verlor Hiob senior seine Angst und als er sie im
nächsten Augenblick suchte war es zu spät er konnte sie
nicht wiederfinden sie war verloren

und indem er sie verlor verlor er seinen Sohn mitten im
aufsteigenden Erfolg und als er diesen verlor verlor er seinen Erfolg seinen Einfluß seine Macht Anverwandte sagten sich los Wohlwollende zeigten sich als Neider Freunde
als Speichellecker Behörden als Feinde den Rest ließen
Gläubiger pfänden da versuchte er nun Herr Pechvogel
oder wie auch immer die Angst wiederzufinden er fuhr
fort sie zu suchen landein und landaus wo immer er hoffen
konnte soetwas wie Angst zu finden aber er fand sie nicht
statt Angst hatte er Unternehmungslust es ging bergab mit
ihm schließlich sitzt er da dieser gewisse Herr Hiob oder
wie auch immer ein Mann Ende fünfzig in soetwas wie
einem Auto am Rand von soetwas wie einer Autobahn in
soetwas wie einer menschenleeren Gegend in der soetwas
wie andere Erfolgreiche in soetwas wie anderen Autos an
ihm vorübereilen.

habe ich nicht sagt er gemeint daß ich immer genug
gehabt habe von dieser Angst die ich nun nicht wiederfin-
de o mein Sohn Jonathan wer hat mir die Angst gestohlen
ohne die ich nicht soetwas wie leben kann stattdessen bin
ich voll Übermut gleich wird einer von denen die an mir
vorübereilen zu mir treten und alles wird gut

aber diese soetwas wie Vorübereilenden haben soetwas wie
ihren Blick nach soetwas wie vorn gerichtet es wird Nacht
Herr Hiob oder wie auch immer geht ins Land es kommt
soetwas wie Wälder und Brache er findet soetwas wie ein
Haus er geht hinein der Fußboden ist morsch er bricht ein
liegt da kann nicht mehr aufstehn hat Schmerzen und
Hunger und Durst er schreit niemand hört es vielleicht

soetwas wie Wind soetwas wie Licht und Schatten und
Behemoth und Leviathan gestorben vor langer Zeit
schwächer wird der Versuch soetwas wie Angst zu haben er
ist es zufrieden nicht wiederzufinden heißt gewinnen Licht
und Schatten wechseln rascher und wann war das eigentlich sagt Hiob oder wer auch immer als ich verwechselt
wurde mit soetwas wie dem was ich hatte verschwistert ver-
brüdert verschwägert mit soetwas wie dem nun ist es auf
das gerichtet was ich zu gewinnen beginne und bin es
zufrieden soetwas wie eine große Entschwisterung Entbrü-
derung Entschwägerung Entfernung Entflechtung aufge-
hört haben soetwas wie zu sein soetwas wie weg zu sein
langsam und schmerzlich hört es auf Stück um Stück er ist
es zufrieden nachfolgend dem

Quelle: *Helmut Heißenbüttel,* „Hiobsbotschaft", [1]1965, in: *ders.,* Das
Textbuch (Textbücher 1–6, Klett-Cotta, Stuttgart 1980), S. 143–145.

Lesehinweis: *Heinz Ludwig Arnold* (Hrsg.), Helmut Heißenbüttel.
Text und Kritik, Heft 69/70 (München 1981).

6. Günter Kunert: „Hiob gut bürgerlich"

Einer der aufmerksamsten deutschen Kulturbeobachter und
-beschreiber der Gegenwart ist der 1929 in Berlin geborene Schriftsteller *Günter Kunert*, ein Autor, der alle Spielarten der literarischen
Formen souverän beherrscht: von der Kurzgeschichte zum Roman,
vom Gedicht zum Essay, vom Hörspiel bis zum Filmdrehbuch, vom
Drama bis zu Lyrik-Übersetzungen. Ein herb-lakonischer Ton –
manchmal ins kulturpessimistisch Resignative verfallend – prägt seine Werke, die oft zu Ironie und Satire neigen. Ab und zu greift er –
ein selbsterklärter Atheist jüdischer Herkunft – dabei auf biblische
Figuren und Erzählungen zurück. 1977 etwa veröffentlicht er das
Gedicht „Biblische Geschichte II", in der es um Hiob geht. Hier abgedruckt ist jedoch eine 1971 erschienene satirische Kurzgeschichte,
die – wie bei Heißenbüttel – nur noch ironisch-dekonstruktionali-
stisch auf Hiob als Symbolgestalt des Leidens verweisen kann.

Hiob gut bürgerlich

Zuerst regnet es Staub und unaussprechliche Substantive,
bis alles Leben verdorrt ist. Aus den Leitungshähnen dagegen quillt parfümierter Rasierschaum. Spalten tun sich
auf, aus denen Marschmusik dringt, Zitherspiel, Jodeln
und Predigen. Schlagersänger mit aufgerissenem Rachen,
geweissagt in der Offenbarung Johannis, schleichen ums
Haus, in dessen Konstruktion der Wurm sich mit Termiten
verbündet hat, er genießt, was sie zernagen, dröhnend fällt
die Decke herab, verfehlt, Hiobs Qual zu steigern, sein
Weib; die Wände brechen nach außen weg, so daß nichts
mehr vor äußerer äußerster Unbill schützt.

Hiob fleht, aber sein Wagen springt nicht an: alle transzendente Energie ist aus der Batterie entwichen. Wie verlassen bin ich, ruft Hiob, da aus dem Swimming-Pool im
Garten der Leviathan steigt, schauerlich lächelnd wie ein
tüchtiger Beamter, blekend, prustend, in Marschallsuni-
form, goldlitzig über und über, den Marschallstab in der
Hand, ihn in Hiobs Tornister zu stecken. Wind erhebt sich,
Sturm, und fegt Zeitungen her, sie klatschen in des Heimgesuchten Gesicht: Friedensverhandlung da, Friedensver-
handlungen dort, Sturmangriff, Bajonettgefecht, und meine Tage sind schneller gewesen denn ein Läufer; sie sind
geflohen und haben nichts Gutes erlebt. Nun: Klagen solcher Art kennt die Gegend zu Genüge, das hält die Heu-
schrecken nicht auf, die in Autobussen vorfahren, vorm
Bauch die Kamera, Hiob in seinem glänzenden Elend zu
knipsen. Schließlich: er leidet ja, das sieht man deutlich:
an Schuppen, Haarausfall, Impotenz, Rauchergangrän
und Platzangst, da er bangen muß, selbst den letzten Platz,
auf den er gelangte, noch zu verlieren: besser heimgesucht
als abgebucht.
Eine Flutwelle hat sich bereits angekündigt, die ihn fristlos
kündigen wird, herangerollt, ihn entläßt und verrauscht:
Wie entlassen bin ich, ruft Hiob, da selbst das Ungeziefer
ihn nun nicht mehr grüßt und so tut, als habe es ihn nie
gekannt. Auch die Bügelfalten ziehen sich konsequent aus
seinen Hosen zurück. Die Zähne nehmen Abschied von
seinem Unterkiefer, von seinem Oberkiefer: alles Lamen-
tieren und Bezichtigen wird unverständlich mittlerweile:
besser unverständlich als nicht mehr kenntlich.
Um ihn vollends fertigzumachen, erhält er Brüder und
Schwestern, vierzehntausend Schafe, sechstausend Kamele, tausend Joch Rinder sowie tausend Eselinnen und sieben Söhne und drei Töchter. Von diesem Schlag erholt er
sich nicht mehr. Der Orden für unverzagtes Durchhalten

und für unwandelbaren Glauben an den guten Endzweck aller Heimsuchung erreicht ihn nur noch postum und setzt den Schlußpunkt unter ein miriadenhaftes Geschick. Ist's nicht also? Wohlan, wer will mich Lügen strafen und bewähren, daß meine Rede nichts sei? (Vers 25, Kapitel 24).

Quelle: *Günter Kunert,* „Hiob gut bürgerlich", in: Akzente 18 (1971), S. 69–70.

Lesehinweis: *Manfred Durzak/Hartmut Steinecke* (Hrsg.), Günter Kunert. Beiträge zu seinem Werk (München/Wien 1992).

7. Fritz Zorn: „Absage an den Krokodilsgott"

Kein Buch über das Sterben hat in den letzten Jahrzehnten eine solche internationale Resonanz hervorgerufen wie der 1977 veröffentlichte autobiographische Krankheits- und Sterbebericht „Mars" eines unter dem Pseudonym *Fritz Zorn* schreibenden Schweizers. Aufsehen erregte dieses Buch – herausgegeben von dem bekannten Schriftsteller Adolf Muschg nach dem Tod des Autors – vor allem deshalb, weil es sich als rücksichtslose Abrechnung mit all jenen Faktoren präsentiert, die als eigentliche Verursacher der Krebserkrankung ausgemacht werden: Hartherzige, nur auf Konformität bedachte Eltern – schuldig! Eine scheinheilige, nur auf wirtschaftlichen Erfolg abzielende Gesellschaft – schuldig! Ein bezweifelter, und doch möglicher Gott – schuldig!

Der Autor, mit bürgerlichem Namen *Fritz Angst* (1944–1976), aufgewachsen an der Schweizer „Goldküste" des Zürcher Sees, als promovierter Philologe im Schuldienst tätig, hatte bereits einige kleinere Dramen verfaßt, war also literarisch kein unbeschriebenes Blatt. Seine schriftstellerische Auseinandersetzung mit der Krankheit Krebs – als „beste Idee, die ich je hatte" beschrieben, weil sie die Mißstände aufdeckte, unter denen er „wunschlos unglücklich" vor sich hingedämmert hatte – dient als therapeutische Auseinandersetzung, die gerade in ihrem kriegerischen, abrechnenden Charakter dennoch von einer letzten Hoffnung auf Heilung getragen wird.

Hiob wird dem Autor als drastisches Gegenbild wichtig: Gerade dessen geduldiges Ertragen ist ihm selbst das schlimmstmögliche Verhalten eines Menschen in einer solchen Situation. Nein, es gibt nur eines: Rebellion im Zeichen des – dem Buch seinen Titel gebenden – Kriegsgottes „Mars". Die erste hier abgedruckte Passage gibt die Eröffnung dieses Buches wieder, die zweite Passage schildert Zorns Auseinandersetzung mit Hiob und Gott.

Ich bin jung und reich und gebildet; und ich bin unglücklich, neurotisch und allein. Ich stamme aus einer der aller-
besten Familien des rechten Zürichseeufers, das man auch
die Goldküste nennt. Ich bin bürgerlich erzogen worden
und mein ganzes Leben lang brav gewesen. Meine Familie
ist ziemlich degeneriert, und ich bin vermutlich auch
ziemlich erblich belastet und milieugeschädigt. Natürlich
habe ich auch Krebs, wie es aus dem vorher Gesagten
eigentlich selbstverständlich hervorgeht. Mit dem Krebs
hat es nun aber eine doppelte Bewandtnis: einerseits ist er
eine körperliche Krankheit, an der ich mit einiger Wahr-
scheinlichkeit in nächster Zeit sterben werde, die ich vielleicht aber auch überwinden und überleben kann; ander-
seits ist er eine seelische Krankheit, von der ich nur sagen
kann, es sei ein Glück, daß sie endlich ausgebrochen sei.
Ich meine damit, daß es bei allem, was ich von zuhause auf
meinen unerfreulichen Lebensweg mitbekommen habe,
das bei weitem Gescheiteste gewesen ist, was ich je in meinem Leben getan habe, daß ich Krebs bekommen habe.
Ich möchte damit nicht behaupten, daß der Krebs eine
Krankheit sei, die einem viel Freude macht. Nachdem sich
mein Leben aber nie durch sehr viel Freude ausgezeichnet
hat, komme ich nach prüfendem Vergleich zum Schluß,
daß es mir, seit ich krank bin, viel besser geht, als früher,
bevor ich krank wurde. Das soll nun noch nicht heißen,
daß ich meine Lage als besonders glückhaft bezeichnen
wollte. Ich meine damit nur, daß zwischen einem sehr
unerfreulichen Zustand und einem bloß unerfreulichen
Zustand der letztere dem ersteren doch vorzuziehen ist.

Von allen Lastern darf man *eines* nicht haben: Geduld. Ich
denke hier an den exemplarischsten Vertreter dieser Cha-
raktereigenschaft, den alttestamentarischen Hiob. In seinem ganzen Elend kommt Hiob nicht auf die Idee, Stel-

lung zu beziehen, sondern er kuscht oder, wie es die Bibel ausdrückt: „Er versündigte sich nicht und redete nichts Törichtes wider Gott." Hiobs Weib, offenbar der stärkere Charakter der beiden, rät ihm: „Fluche Gott und stirb!" Er aber sprach zu ihr:

Wie sollte ich dazu kommen, Gott zu fluchen? Was würde denn Gott dazu sagen? Ich bin überzeugt davon, daß es Gott nicht passen würde, wenn ich ihm fluchte.

Ja, und wenn es ihm nicht passen würde? Und wenn er etwas dazu sagen müßte? Warum wäre das eigentlich so furchtbar, wenn es Gott stören sollte, daß Hiob ihm fluchte? Gott stellt die Sache auch alsbald klar und gibt dem Hiob zu verstehen, daß es ihm durchaus nicht wohlgefällig wäre, Kritik an sich selbst zu vernehmen. Da antwortete der Herr dem Hiob aus dem Wetter und sprach:

Habe ich nicht das Krokodil erschaffen?
Wer dringt ihm in das doppelte Gebiß?
Die Tore seines Rachens, wer hat sie geöffnet?
Um seine Zähne lagert Schrecken.

Habe ich nicht das Krokodil erschaffen, das an Scheußlichkeit alles andere übertrifft? Kann das Krokodil nicht beißen, morden, verstümmeln, verkrüppeln, vernichten? Wie kommst du dazu, an meiner Autorität zu zweifeln, wo ich doch der Herr über solche Scheußlichkeiten bin?

Da antwortete Hiob dem Herrn und sprach:

Du hast recht. Ich anerkenne, daß du der gemeinste, widerlichste, brutalste, perverseste, sadistischste und fieseste Typ der Welt bist. Ich anerkenne, daß du ein Despot und Tyrann und Gewaltherrscher bist, der alles zusammenschlägt und umbringt. Dies ist für mich Grund genug, dich als alleinseligmachenden Gott anzuerkennen, zu verehren und zu preisen. Du bist das größte Schwein des Universums. Meine Antwort auf diesen Tatbestand ist die, daß ich dir gerne untertan bin, dich sinnvoll finde und versuche, dich zu lieben. Du hast die Gestapo, das KZ und die Folter erfunden, ich anerkenne also, daß du der Größte und der Stärkste bist. Der Name des Herrn sei gelobt. Welche Haltung die ethisch wertvollere ist, die Hiobs oder die von Hiobs Weib, versteht sich von selbst. Eben weil Gott das Krokodil erfunden hat, besteht die Verpflichtung, gegen ihn zu rebellieren; denn wenn er es nicht erfunden hätte, brauchte man auch gar nicht mehr gegen ihn zu rebellieren. Hiobs Reaktion ist nicht nur feig, sie ist auch dumm.

Wie so manches Verwerfliche hat auch Hiob und seine Art Schule gemacht: es wimmelt heutzutage von solchen Hioben. Überall trifft man sie an; nicht zuletzt mein Vater war ein solcher Hiob. Gerade dies aber, daß es eben so viele Hiobe gibt, ist für mich wieder eine Verpflichtung, es diesen Hioben meinerseits *nicht* gleichzutun, Hiobs Weib nachzufolgen und sterbend Gott zu fluchen. Man darf sich nicht trösten lassen, solange der Trost nur ein fauler Trost ist.

Eine Frage muß man hier freilich außeracht lassen, nämlich die, was es denn überhaupt nützen sollte, dem Krokodilsgott zu fluchen. Es braucht überhaupt nicht zu nützen; es genügt, daß es richtig ist. Und selbst wie die anderen Geschlagenen reagieren, spielt letzten Endes keine Rolle; es genügt, daß ich es für mich für richtig gehalten habe, um den biblischen Ausdruck noch einmal zu verwenden, „Gott zu fluchen".

Quelle: *Fritz Zorn*, Mars. Mit einem Vorwort von Adolf Muschg [1]1977 (Frankfurt 1994). © 1977 Kindler Verlag, München.

Lesehinweis: *Christine Lenker*, Krebs kann auch eine Chance sein. Zwischenbilanz oder Antwort an Fritz Zorn (Frankfurt 1984)

III. Hiob – Urbild des Schicksals der Juden

Eine ganz eigene Ausdeutungstradition hat die Hiobsge-
stalt in literarischen Zeugnissen jüdischer Autoren und
Autorinnen unserer Zeit erfahren – vor allem angesichts
des Holocaust oder besser: der „Shoah". Ausgerechnet der
Nicht-Jude Hiob wurde als Vorgängergestalt entdeckt, in
der die Unheilsgeschichte des gesamten jüdischen Volkes
schon vorgeprägt erscheint. Umgekehrt bietet aber der
biblische Hiob auch ein Modell für die Überlebenden der
Katastrophe, um die unsagbaren Greueltaten dennoch in
überlebensnotwendiger Sprache erfassen und bewältigen
zu können. Hiob – eine kollektive Deutungsgestalt des
jüdischen Schicksals? *Hermann Levin Goldschmidt* führt aus:
„Grundlegend ist, daß wir Juden, wenn wir von Hiob sprechen und uns auf ihn beziehen, Hiob mit dem jüdischen
Volk identifizieren.Während in der Christenheit sich der
Christ in einer individuellen Nachfolge sieht, so daß Hiob
als ein einzelmenschliches Schicksal vor Augen steht und
mit dem eigenen persönlichen Schicksal ineinsgesetzt werden kann, ist auf der jüdischen Seite jedem Juden bewußt,
daß Hiob das jüdische Volk verkörpert und erst als dieses
auch jeden einzelnen Juden in seine Nachfolge einbe-
zieht."[28]
Ob eine derart eindeutige Unterscheidung haltbar sein
wird – schon Golls Gedichte scheinen mir dieses Schema
zu sprengen –, werden die folgenden Textbeispiele zu belegen haben. Deutlich ist aber die Grundaussage: Hiob wird

---

[28] *Hermann Levin Goldschmidt,* Hiob im neuzeitlichen Judentum, in:
Weltgespräche 2 – Weltliche Vergegenwärtigungen Gottes (Freiburg 1967), S. 41–55, hier: S. 42.

als archetypische Vorbildgestalt des jüdischen Volkes gedeutet. Gilt dies freilich auch im Hinblick auf die Vernichtungslager der Nationalsozialisten? Oder, mit *Martin Buber* gefragt: „Wagen wir es, den Überlebenden von Auschwitz, dem Hiob der Gaskammern, zu empfehlen: ‚Danket Gott dem Herrn, denn er ist gütig, denn in Weltzeit währt seine Huld!'?"[29] Werde nicht – so der bekannte amerikanische Rabbiner, Theologe und Psychologe *Richard L. Rubenstein* – ein jeglicher Versuch, „die Erfahrungen der Vernichtungslager mit den Erfahrungen Hiobs zu vergleichen, nur als eine simplifizierende Abwehrreaktion"[30] verständlich?

Die folgenden Texte zu Hiob aus jüdischer Sicht werden sich diesen Anfragen stellen müssen. In jedem Fall aber sind sie tiefgehende geistig-literarische Auseinandersetzungen mit Hiob, die in ihrer religiösen Ernsthaftigkeit und literarischen Qualität nur wenige Parallelen kennen.

[29] *Martin Buber,* An der Wende, [1]1950, in: *ders.,* Der Jude und sein Judentum. Gesammelte Aufsätze und Reden (Köln 1963), S. 144–183, hier S. 182.

[30] *Richard L. Rubinstein,* „Job and Auschwitz", in: Union Seminary Quaterly Review 25 (1970), S. 421–437, hier S. 434.

1. Joseph Roth: „Aus ist es mit Mendel Singer"

Mit dem 1930 veröffentlichten „Hiob"-Roman des österreichischen
Schriftstellers *Joseph Roth* (1894–1939) erreicht die Hiobliteratur
unseres Jahrhunderts einen frühen und nur selten wieder erlebten
Höhepunkt. Dieser „Roman eines einfachen Mannes" – so der Unter-
titel – schildert das Lebensschicksal des Ostjuden Mendel Singer.
Anhand des leidgeprüften Lebenslaufes dieses ostjüdischen Jeder-
mann-Hiob wird der schmerzhafte Übergang des Ostjudentums von
der mittelalterlich-abgeschlossenen Welt des „Schtetl" in das Zeitalter
der Moderne veranschaulicht.

Mendel wird dazu gezwungen, seine angestammte Heimat zu verlassen und in die unbekannte Welt Amerikas auszuwandern. Dabei verliert er seinen geringen Besitz und seine Familie: Seine Frau stirbt,
nachdem die Liebe der Eheleute schon lang erloschen war, ein Sohn
wird – schlimmes Schicksal für einen Juden – Soldat in der russischen
Armee, ein weiterer fällt im Ersten Weltkrieg im Kampf für seine
neue amerikanische Heimat, die einzige Tochter – krampfhaft nym-
phomanisch – verfällt dem Wahnsinn, und ein letzter Sohn mußte als
schwachsinniges Kind in Europa zurückgelassen werden. Dies ist die
Situation, die unser Textausschnitt voraussetzt. Hier nun kommt es
zu einer Szene sondergleichen in der deutschen Literatur, zu einer
imaginären Gottesverbrennung: Selbst dem passiv-geduldigen Mendel platzt der Kragen der Demut, und er klagt gegen den Gott, der
ihm dieses untragbar schwere Schicksal zumutet. Im anschließenden
Gespräch mit den Freunden (und „Tröstern") versuchen diese ihren
Gott zu rechtfertigen – was Mendel/Hiob aber auch hier von sich
weist. Am – märchenhaften – Ende des unbedingt lesenswerten
Romans freilich wendet sich Mendel seinem Gott und dem Leben
doch wieder zu, versöhnt durch den für schwachsinnig gehaltenen
Sohn, der – zu einem berühmten Geiger avanciert – den Vater
schlußendlich zu sich holt. Zur Deutung der folgenden Szenen finden sich Hinweise im Schlußteil dieses Buches.

Allein war er, allein. Frau und Kinder waren um ihn gewesen und hatten ihn verhindert, seinen Schmerz zu tragen. Wie unnütze Pflaster, die nicht heilen, waren sie auf seinen Wunden gelegen und hatten sie nur verdeckt. Jetzt, endlich, genoß er sein Weh mit Triumph. Es galt, nur noch eine Beziehung zu kündigen. Er machte sich an die Arbeit. Er ging in die Küche, raffte Zeitungspapier und Kienspäne zusammen und machte ein Feuer auf der offenen Herdplatte. Als das Feuer eine ansehnliche Höhe und Weite erreichte, ging Mendel mit starken Schritten zum Schrank und entnahm ihm das rotsamtene Säckchen, in dem seine Gebetriemen lagen, sein Gebetmantel und seine Gebetbücher. Er stellte sich vor, wie diese Gegenstände brennen würden. Die Flammen werden den gelblich getönten Stoff des Mantels aus reiner Schafwolle ergreifen und mit spitzen, bläulichen, gefräßigen Zungen vernichten. Der glitzernde Rand aus silbernen Fäden wird langsam verkohlen, in kleinen, rotglühenden Spiralen. Das Feuer wird die Blätter der Bücher sachte zusammenrollen, in silbergraue Asche verwandeln, und die schwarzen Buchstaben für ein paar Augenblicke blutig färben. Die ledernen Ecken der Einbände werden emporgerollt, stellen sich auf wie seltsame Ohren, mit denen die Bücher zuhören, was ihnen Mendel in den heißen Tod nachruft. Ein schreckliches Lied ruft er ihnen nach. „Aus, aus, aus ist es mit Mendel Singer!" ruft er, und mit den Stiefeln stampft er den Takt dazu, daß die Dielenbretter dröhnen und die Töpfe an der Wand zu klappern beginnen. „Er hat keinen Sohn, er hat keine Tochter, er hat kein Weib, er hat keine Heimat, er hat kein Geld. Gott sagte: Ich habe Mendel Singer gestraft. Wofür straft er, Gott? Warum nicht Lemmel, den Fleischer? Warum straft er nicht Skowronnek? Warum straft er nicht Menkes? Nur Mendel straft er! Mendel hat den Tod, Mendel hat den Wahnsinn, Mendel hat den Hunger, alle Gaben

Gottes hat Mendel. Aus, aus, aus ist es mit Mendel Singer!"
So stand Mendel vor dem offenen Feuer und brüllte und
stampfte mit den Füßen. Er hielt das rotsamtene Säckchen
in den Armen, aber er warf es nicht hinein. Ein paarmal
hob er es in die Höhe, aber seine Arme ließen es wieder
sinken. Sein Herz war böse auf Gott, aber in seinen Mus-
keln wohnte noch die Furcht vor Gott. Fünfzig Jahre, Tag
für Tag, hatten diese Hände den Gebetmantel ausgebreitet
und wieder zusammengefaltet, die Gebetriemen aufgerollt
und um den Kopf geschlungen und um den linken Arm,
dieses Gebetbuch aufgeschlagen, um und um geblättert
und wieder zugeklappt. Nun weigerten sich die Hände,
Mendels Zorn zu gehorchen. Nur der Mund, der so oft
gebetet hatte, weigerte sich nicht. Nur die Füße, die oft zu
Ehren Gottes beim Halleluja gehüpft hatten, stampften
den Takt zu Mendels Zorngesang.
Da die Nachbarn Mendel also schreien und poltern hör-
ten und da sie den graublauen Rauch durch die Ritzen
und Spalten seiner Tür in den Treppenflur dringen sahen,
klopften sie bei Singer an und riefen, daß er ihnen öffne.
Er aber hörte sie nicht. Seine Augen erfüllte der Dunst des
Feuers, und in seinen Ohren dröhnte sein großer,
schmerzlicher Jubel. Schon waren die Nachbarn bereit,
die Polizei zu holen, als einer von ihnen sagte: „Rufen wir
doch seine Freunde! Sie sitzen bei Skowronnek. Vielleicht
bringen sie den Armen wieder zur Vernunft."
Als die Freunde kamen, beruhigte sich Mendel wirklich. Er
schob den Riegel zurück und ließ sie eintreten, der Reihe
nach, wie sie immer gewohnt waren, in Mendels Stube zu
treten, Menkes, Skowronnek, Rottenberg und Groschel.
Sie zwangen Mendel, sich aufs Bett zu setzen, setzten sich
selbst neben ihn und vor ihn hin, und Menkes sagte: „Was
ist mit dir, Mendel? Warum machst du Feuer, warum willst
du das Haus anzünden?"

„Ich will mehr verbrennen als nur ein Haus und mehr als einen Menschen. Ihr werdet staunen, wenn ich euch sage, was ich wirklich zu verbrennen im Sinn hatte. Ihr werdet staunen und sagen: Auch Mendel ist verrückt, wie seine Tochter. Aber ich versichere euch: Ich bin nicht verrückt. Ich war verrückt. Mehr als sechzig Jahre war ich verrückt, heute bin ich es nicht."

„Also sag uns, was du verbrennen willst!"

„Gott will ich verbrennen."

Allen vier Zuhörern entrang sich gleichzeitig ein Schrei. Sie waren nicht alle fromm und gottesfürchtig, wie Mendel immer gewesen war. Alle vier lebten schon lange genug in Amerika, sie arbeiteten am Sabbat, ihr Sinn stand nach Geld, und der Staub der Welt lag schon dicht, hoch und grau auf ihrem alten Glauben. Viele Bräuche hatten sie vergessen, gegen manche Gesetze hatten sie verstoßen, mit ihren Köpfen und Gliedern hatten sie gesündigt. Aber Gott wohnte noch in ihren Herzen. Und als Mendel Gott lästerte, war es ihnen, als hätte er mit scharfen Fingern an ihre nackten Herzen gegriffen.

„Lästere nicht, Mendel", sagte nach einem längeren Schweigen Skowronnek. „Du weißt besser als ich, denn du hast viel mehr gelernt, daß Gottes Schläge einen verborgenen Sinn haben. Wir wissen nicht, wofür wir gestraft werden."

„Ich aber weiß es, Skowronnek", erwiderte Mendel. „Gott ist grausam, und je mehr man ihm gehorcht, desto strenger geht er mit uns um. Er ist mächtiger als die Mächtigen, mit dem Nagel seines kleinen Fingers kann er ihnen den Garaus machen, aber er tut es nicht. Nur die Schwachen vernichtet er gerne. Die Schwäche eines Menschen reizt seine Stärke, und der Gehorsam weckt seinen Zorn. Er ist ein großer, grausamer Isprawnik. Befolgst du die Gesetze, so sagt er, du habest sie nur zu deinem Vorteil befolgt. Und

verstößt du nur gegen ein einziges Gebot, so verfolgt er
dich mit hundert Strafen. Willst du ihn bestechen, so
macht er dir einen Prozeß. Und gehst du redlich mit ihm
um, so lauert er auf die Bestechung. In ganz Rußland gibt
es keinen böseren Isprawnik!"

„Erinnere dich, Mendel", begann Rottenberg, „erinnere
dich an Hiob. Ihm ist ähnliches geschehen wie dir. Er saß
auf der nackten Erde, Asche auf dem Haupt, und seine
Wunden taten ihm so weh, daß er sich wie ein Tier auf dem
Boden wälzte. Auch er lästerte Gott. Und doch war es nur
eine Prüfung gewesen. Was wissen wir, Mendel, was oben
vorgeht? Vielleicht kam der Böse vor Gott und sagte wie
damals: Man muß einen Gerechten verführen. Und der
Herr sagte: Versuch es nur mit Mendel, meinem Knecht."

„Und da siehst du auch", fiel Groschel ein, „daß dein Vor-
wurf ungerecht ist. Denn Hiob war kein Schwacher, als
Gott ihn zu prüfen begann, sondern ein Mächtiger. Und
auch du warst kein Schwacher, Mendel! Dein Sohn hatte
ein Kaufhaus, ein Warenhaus, er wurde reicher von Jahr zu
Jahr. Dein Sohn Menuchim wurde beinahe gesund, und
fast wäre er auch nach Amerika gekommen. Du warst
gesund, dein Weib war gesund, deine Tochter war schön,
und bald hättest du einen Mann für sie gefunden!"

„Warum zerreißt du mir das Herz, Groschel?" entgegnete
Mendel. „Warum zählst du mir auf, was alles gewesen ist,
jetzt, da nichts mehr ist? Meine Wunden sind noch nicht
vernarbt, und schon reißt du sie auf."

„Er hat recht", sagten die übrigen drei wie aus einem Munde.
Und Rottenberg begann: „Dein Herz ist zerrissen, Mendel,
ich weiß es. Weil wir aber über alles mit dir sprechen dürfen und weil du weißt, daß wir deine Schmerzen tragen, als
wären wir deine Brüder, wirst du uns da zürnen, wenn ich
dich bitte, an Menuchim zu denken? Vielleicht, lieber
Mendel, hast du Gottes Pläne zu stören versucht, weil du

Menuchim zurückgelassen hast? Ein kranker Sohn war dir beschieden, und ihr habt getan, als wäre es ein böser Sohn."

Es wurde still. Lange antwortete Mendel gar nichts. Als er wieder zu reden anfing, war es, als hätte er Rottenbergs Worte nicht gehört; denn er wandte sich an Groschel und sagte:

„Und was willst du mit dem Beispiel Hiobs? Habt ihr schon wirkliche Wunder gesehen mit euren Augen? Wunder, wie sie am Schluß von ‚Hiob' berichtet werden? Soll mein Sohn Schemarjah aus dem Massengrab in Frankreich auferstehn? Soll mein Sohn Jonas aus seiner Verschollenheit lebendig werden? Soll meine Tochter Mirjam plötzlich gesund aus der Irrenanstalt heimkehren? Und wenn sie heimkehrt, wird sie da noch einen Mann finden und ruhig weiterleben können wie eine, die niemals verrückt gewesen ist? Soll mein Weib Deborah sich aus dem Grab erheben, noch ist es feucht? Soll mein Sohn Menuchim mitten im Krieg aus Rußland hierherkommen, gesetzt den Fall, daß er noch lebt? Denn es ist nicht richtig", und hier wandte sich Mendel wieder Rottenberg zu, „daß ich Menuchim böswillig zurückgelassen habe und um ihn zu strafen. Aus andern Gründen, meiner Tochter wegen, die angefangen hatte, sich mit Kosaken abzugeben – mit Kosaken! –, mußten wir fort. Und warum war Menuchim krank? Schon seine Krankheit war ein Zeichen, daß Gott mir zürnt – und der erste der Schläge, die ich nicht verdient habe."

„Obwohl Gott alles kann", begann der Bedächtigste von allen, Menkes, „so ist doch anzunehmen, daß er die ganz großen Wunder nicht mehr tut, weil die Welt ihrer nicht mehr wert ist. Und wollte Gott sogar bei dir eine Ausnahme machen, so stünden dem die Sünden der andern entgegen. Denn die andern sind nicht würdig, ein Wunder bei einem Gerechten zu sehn, und deshalb mußte Lot auswandern, und Sodom und Gomorra gingen zugrunde und sahen nicht das Wunder an Lot. Heute aber ist die Welt überall bewohnt – und selbst, wenn du auswanderst, werden die Zeitungen berichten, was mit dir geschehen ist. Also muß Gott heutzutage nur mäßige Wunder vollbringen. Aber sie sind groß genug, gelobt sei sein Name! Deine Frau Deborah kann nicht lebendig werden, dein Sohn Schemarjah kann nicht lebendig werden. Aber Menuchim lebt wahrscheinlich, und nach dem Krieg kannst du ihn sehn. Dein Sohn Jonas ist vielleicht in Kriegsgefangenschaft, und nach dem Krieg kannst du ihn sehn. Deine Tochter kann gesund werden, die Verwirrung wird von ihr genommen werden, schöner kann sie sein als zuvor, und einen Mann wird sie bekommen, und sie wird dir Enkel gebären. Und einen Enkel hast du, den Sohn Schemarjahs. Nimm deine Liebe zusammen, die du bis jetzt für alle Kinder hattest, für diesen einen Enkel! Und du wirst getröstet werden."

„Zwischen mir und meinem Enkel", erwiderte Mendel, „ist das Band zerrissen, denn Schemarjah ist tot, mein Sohn und der Vater meines Enkels. Meine Schwiegertochter Vega wird einen andern Mann heiraten, mein Enkel wird einen neuen Vater haben, dessen Vater ich nicht bin. Das Haus meines Sohnes ist nicht mein Haus. Ich habe dort nichts zu suchen. Meine Anwesenheit bringt Unglück, und meine Liebe zieht den Fluch herab wie ein einsamer Baum im flachen Felde den Blitz. Was aber Mirjam betrifft, so hat mir der Doktor selbst gesagt, daß die Medizin ihre Krankheit nicht heilen kann. Jonas ist wahrscheinlich gestorben, und Menuchim war krank, auch wenn es ihm besserging. Mitten in Rußland, in einem so gefährlichen Krieg, wird er bestimmt zugrunde gegangen sein. Nein, meine Freunde! Ich bin allein, und ich will allein sein. Alle Jahre habe ich Gott geliebt, und er hat mich gehaßt. Alle Jahre hab' ich

ihn gefürchtet, jetzt kann er mir nichts mehr machen. Alle
Pfeile aus seinem Köcher haben mich schon getroffen. Er
kann mich nur noch töten. Aber dazu ist er zu grausam.
Ich werde leben, leben, leben."
„Aber seine Macht", wandte Groschel ein, „ist in dieser
Welt und in der anderen. Wehe dir, Mendel, wenn du tot
bist!"
Da lachte Mendel aus voller Brust und sagte: „Ich habe keine Angst vor der Hölle, meine Haut ist schon verbrannt,
meine Glieder sind schon gelähmt, und die bösen Geister
sind meine Freunde. Alle Qualen der Hölle habe ich
schon gelitten. Gütiger als Gott ist der Teufel. Da er nicht
so mächtig ist, kann er nicht so grausam sein. Ich habe keine Angst, meine Freunde!"
Da verstummten die Freunde. Aber sie wollten Mendel
nicht allein lassen, und also blieben sie schweigend sitzen.

Quelle: *Joseph Roth,* Hiob. Roman eines einfachen Mannes [1]1930, in:
ders. Werke Band 5. Romane und Erzählungen 1930-1936, hrsg. von
Fritz Hackert (Köln 1989), S. 1–136, hier: S. 101–105. © 1990 by Verlag Kiepenheuer & Witsch, Köln, und Verlag Allert de Lange, Amster-
dam.

Lesehinweis: *David Bronsen,* Joseph Roth. Eine Biographie [1]1974,
(gekürzte Fassung: Köln 1993).

2. Fritz Rosenthal: „Hiob redet mit Gott"

Noch unter seinem Geburtsnamen *Fritz Rosenthal* hat der später als *Schalom Ben-Chorin* (*1913) bekannt gewordene Religionsphilosoph in den frühen dreißiger Jahren zwei Gedichtbände veröffentlicht, die sich vor allem mit biblischen Gestalten befassen. Darunter auch das folgende Hiobgedicht, eine überzeitlich-komprimierte poetische Zusammenfassung der Hiobklage:

Hiob redet mit Gott

Hast du deine weiten Segenshände
Über mir zur Faust geballt,
Daß ich auch vor dir bestände
Noch im Anruf deiner Allgewalt?

Deine Schatten wollen mich erdrücken –
Diese Nacht ist riesig wie das Meer.
Willst du mich denn immer tiefer bücken?
Deine Last wird meinen Schultern schwer.

EWIGER, sieh meine Eiterwunden!
Deiner Liebe allzuharte Male.
Randgefüllt ist meiner Leiden Schale.
Setz ein Ende meinen wehen Stunden.

Mach den Tag, der mich gebar, zunichte
Und verlösche mein getrübtes Licht –
Furchtbar, Herr, sind deine Strafgerichte,
Denn wir schauen, doch erfassen nicht!

Quelle: *Fritz Rosenthal,* Die Lieder des ewigen Brunnens (Wien/Leipzig 1934), S. 10

Lesehinweis: *Schalom Ben-Chorin /Michael Langer,* Die Tränen des Hiob. Bilder von Hans-Günther Kaufmann (Innsbruck/Wien 1994).

3. Margarete Susman:
„Hiob und das Schicksal des jüdischen Volkes"

Keine andere Autorin hat den Versuch, das jüdische Leidensschicksal durch die Deutefigur Hiob verstehbar zu machen, mehr geprägt als die Hamburger Schriftstellerin *Margarete Susman* (1872–1966). Schon in ihrem epochalen Aufsatz „Das Hiob-Problem bei Franz Kafka" von 1929 hatte sie – als Jüdin dem Christentum und den philosophischen Strömungen ihrer Zeit stets mit offenem Interesse begegnend – erkannt, daß das ganze Leidensschicksal des Judentums im Schicksal Hiobs vorgezeichnet war.

Die folgenden Schreckensjahre sollten ihr nur allzusehr recht geben. Über zwanzig Jahre lang arbeitete sie an einer Studie, die schließlich 1946 erscheinen konnte und das jüdische Leidensschicksal der zurückliegenden Jahre nun vollends im Bilde Hiobs deutete. Erstmals wurde hier der – umstrittene und heftig diskutierte – Versuch unternommen, die Shoah mit Hilfe biblischer Figuren überhaupt in Sprache zu fassen; ein Versuch, der sich auch in späteren Gedichten der Autorin findet, vor allem im 1953 veröffentlichten Text „Zorn Gottes". Die folgende Textpassage entstammt jedoch dem Essay und schildert den Versuch der Autorin, ihre Gleichsetzung Hiob – jüdisches Volk zu begründen.

Das Schicksal des jüdischen Volkes zeichnet sich rein im Lebenslauf Hiobs ab. Wie im Leben Hiobs steht in dem Israels am Anfang der große Glanz, steht über seiner Wohnung das Geheimnis Gottes, das es aussondert und umschließt, steht die unfaßliche Verheißung an Abraham: „In deinem Samen sollen gesegnet sein alle Geschlechter der Erde!", steht der Bund Gottes mit Israel, in dem es für immer geborgen ist. Nach dem ungeheuren Bruch in seiner Geschichte blickt aus seinem Leben im Exil das jüdische Volk auf die leuchtende Frühzeit des biblischen Israel als auf ein in einer versunkenen Wirklichkeit spielendes ungeheures Vorspiel zurück. Die Verbindung ist nicht abgerissen; es weiß noch, daß dies sein Leben war; ja, nichts in seinem gegenwärtigen Leben wäre ohne diese Vergangenheit, was es ist; um jeden, auch den losgerissensten jüdischen Menschen ist durch seine Abstammung etwas Verwunschenes, als wäre er in Wahrheit noch etwas anderes, als was er ist; aber zugleich ist jeder jüdische Mensch gezeichnet durch die Wirklichkeit der Verstoßung. Wie Hiob fühlt das Volk im Rückblick auf seinen Glanz und seine Größe um so tiefer und unbegreiflicher diese Verstoßung, und wie Hiob umkreist es sie mit immer neuen Fragen. Es war der Segen der Völker, sie warteten auf es wie auf den Regen. Durch dies Volk hat zum erstenmal in der Menschengeschichte das Unendliche mit dem Endlichen sich in Beziehung gesetzt, ist es aus Nacht und Schweigen als der Unendliche hervorgetreten, der durch seinen Anruf den Bund mit dem endlichen Wesen Mensch geschlossen hat, aus dem den Völkern die Gestalt ihres Heils entsprang. Und nun, da es alles gegeben, da es ganz gedient hat, bleibt ihm nichts als Haß und Verachtung, Schmach und Verstoßung, Krankheit, Häßlichkeit, unermeßliches Leid. Wie kein anderes Volk der Erde steht so das jüdische Volk rein in der Frage, steht es wie Hiob in der unbeantwortbaren Frage der ihm aufgeprägten Daseinsform selbst. Das trennt Hiob grundsätzlich von dem anderen großen Frager der Menschheitsgeschichte ab: Sokrates fragt nach allem, was in der Welt den Menschen sich selbst und die Gottheit erkennen lehrt; Hiob fragt nach dem Einen, das sich in seinem Schicksal als Wahrheit von Gott und Mensch offenbart.

So fragt auch das jüdische Volk. Seine Frage ist nirgends eine von seinem Leben abgelöste, nirgends eine Frage rein objektiven Erkennens; sie steigt aus seinem eigenen Schicksal als Frage nach seiner Gerechtigkeit für den Menschen zu Gott auf. Nicht also als Frage nach jener verständlichen allgemeinen Weltgerechtigkeit, wie sie die Freunde Hiobs verstehen, sondern als Frage nach einem Gehaltensein von Gott, aus dem der Mensch zu leben und zu sterben vermag. Wie Hiob nimmt das Volk sein Leid als von Gott verhängtes auf sich; aber wie Hiob nimmt es dies Leid nicht einfach an; es will es verstehen; das heißt: es will den Willen Gottes, um dessentwillen es duldet, verstehen. Denn wie Hiob weiß es vor aller Frage, wacher oder dumpfer, klarer oder verhüllter, weiß es in jeder geschichtlichen Verkleidung, wird es in jeder wieder neu darauf gestoßen, weiß es dunkel auch noch in einer Zeit, in der es von ihm und seinem Namen losgerissen ist, daß es die Pfeile des Allmächtigen sind, die in ihm stecken. Aus dieser immer erneuten Gewißheit verlangt es wie Hiob, daß der, der es mit seinen Pfeilen trifft, unter dessen unmittelbarem Gericht es steht, ihm als der Gerechte offenbar werde. Denn auch die Frage des Volkes im Exil ist die nach dem verlorenen Zusammenhang von Leid und Schuld, auch ihm sind wie Hiob göttliche und menschliche Gerechtigkeit auseinandergebrochen, und auch es ist so in seiner Frage gezwungen, unablässig nach seiner eigenen Schuld zu suchen. Und wenn heute diese Frage vom realen Entsetzen und von der Frage nach seiner nackten Existenz überdeckt ist, unterhalb jeder zeitlichen ist es doch diese ewige Frage, die auf dem Grund aller seiner Fragen als die allein wirkliche brennt.

Aber klafft nicht gerade an diesem entscheidenden Punkt ein Abgrund zwischen dem Schicksal Hiobs und dem des Volkes? Während Hiob in seine Frühzeit als in eine Zeit vollkommener Reinheit und Schuldlosigkeit zurückblickt, steht am Anfang Israels nicht eine einzelne menschliche Schuld, sondern die Urschuld des Menschen schlechthin. Doch eben darum besteht dieser Abgrund nur scheinbar; über ihn führt die Brücke dieser Schuld selbst; denn an ihr als der Urschuld des Menschendaseins, die nur der Ausdruck dafür ist, daß in ihr die unterste Tiefe des Menschseins erreicht ist, hat mit allem menschlichen Dasein auch Hiob ursprünglich teil. Seine Reinheit kann unter denen, „da keiner rein ist", nur Reinigung, seine frommen Opfer können wie alle menschlichen Opfer nur Sühne für die gemeinsame Schuld sein. Und wenn hier nochmals eine Kluft zwischen dem sich unaufhörlich reinigenden Leben Hiobs und dem Leben des Volkes sich aufzutun scheint, das in der Frühzeit Abfall um Abfall begangen hat, so reicht auch diese Kluft nicht in die Tiefe des wirklichen Daseins beider hinab, weil an diesem Punkt die Gleichung zwischen dem Leben eines Volkes und dem eines Einzelnen nicht rein aufgeht. Aus wachem, bewußtem und schlafendem, unbewußtem Leben besteht alles menschliche Dasein; während aber im Lebenslauf des Einzelnen nur die eine: die wache bewußte Linie sichtbar verläuft, die schlafende unsichtbar bleibt, sind im geschichtlichen Leben eines Volkes die wache und die schlafende Linie, das unerweckte und das erweckte Dasein gleich sichtbar. Die Linie des schlafenden, vorgeistigen Lebens ist bei allen Völkern, wenn auch in jedem ein verschiedener Kern wohnt, der Art nach verwandt; sie wird nur in der Geschichte der Völker in verschiedenem Maß und in verschiedener Weise von der wachen Linie ergriffen und entfaltet. In dieser bei allen Völkern verschiedenen wachen Linie tritt erst die Kraft des Kernes als entfaltete Pflanze ans Licht, in der wir erblicken, was ein Volk seiner Wahrheit nach ist. Mit seiner schlafenden Linie ist Israel das

halsstarrige Volk, das seiner allen Instinkten einer uner-
hellten Masse zuwiderlaufenden Berufung mit dumpfer
Gewalt widerstrebt, einer Gewalt, die – wie es gigantisch
die Bachsche Johannespassion ausdrückt – das um die
größere Lebensmacht des Kernes verstärkte Widerstreben
aller dumpfen Menschenmassen gegen das Unbedingte ist
– unendlich dunkler in Israel noch dadurch, daß seine
wache Linie in ungeheurem Abstand als eine Kette leuch-
tender Gipfel über den Niederungen des Lebens verläuft,
deren Glanz die Finsternis des Tales vollends zur Schwärze
verdunkelt. In dieser seiner eigentlichen Linie, der pro-
phetischen wie der priesterlichen, sehen wir Israel als den
rasenden Versuch des Vergänglichen und Unreinen, sich
vor der Ewigkeit und Reinheit des Einen zu reinigen, jede
Seele in diese Reinigung hineinzureißen und damit die
Masse zum Volk und das Volk zur Menschheit zu läutern.
Auf dem Boden dieses Ringens allein und im Zusammenhang mit ihm ist auch die unbedingte Reinheit Hiobs zu
gewahren, die beides, Reinheit und Schuld zugleich ist.
Sein leidenschaftliches Festhalten an seiner Reinheit vor
Gott ist als ein Überschreitenwollen der menschlichen Existenz, als ein Sichherausringenwollen aus der Sphäre, da
keiner rein ist, gleichsam eine Nötigung Gottes; an ihr vermag darum Satan anzusetzen. Sie ist aber eben als dieser
Wille zum Hinausgehen über die menschliche Existenz
mehr als nur Wille zur eigenen Reinheit; sie nimmt das
Menschendasein mit; sie ist – das ist die Bedeutung der
Opfer, die Hiob für seine Söhne, für eine auch nur mögliche Schuld seiner Söhne mitbringt – zugleich stellvertre-
tende Reinigung. In dieser Sphäre stellvertretender und
damit notwendig die eigene Existenz überschreitender
Reinigung und Sühne leben beide, Hiob und das jüdische
Volk. Wie Hiob leistet das Volk die Sühne seiner Geschichte nicht für eine einzelne Schuld; indem es sie für den

eigenen Abfall leistet, leistet es sie für die Urschuld des Menschengeschlechtes, für die es von Anfang an steht. Daß allein so: als Urbild und Stellvertretung der Menschengeschichte die Geschichte Israels in ihrer Wahrheit zu verstehen ist, bezeugt die gesamte Prophetie.

Quelle: *Margarete Susman,* Das Buch Hiob und das Schicksal des jüdischen Volkes ¹1946–48 (Freiburg 1968), S. 71–77. © Jüdischer Verlag Frankfurt am Main.

Lesehinweis: *Margarete Susman,* Das Nah- und Fernsein des Fremden. Essays und Briefe, herausgegeben und mit einem Nachwort versehen von Ingeborg Nordmann (Frankfurt 1992).

4. Mascha Kaléko: „Enkel Hiobs"

Die einer russisch-jüdischen Familie entstammende Lyrikerin
Mascha Kaléko (1912–1975) – eher bekannt als witzige Moralistin und
Zeitbeobachterin – hat sich nur selten mit jüdischen oder spezifisch
religiösen Themen befaßt. In dem hier abgedruckten Gedicht
jedoch reiht sie sich vor allem durch den Einsatz zahlreicher Motive
der Exodustradition bewußt in das jüdische Geschlecht der „Enkel
Hiobs" ein. Das 1940 veröffentlichte Gedicht – wohl in keine der gül-
tigen Sammlungen der Dichterin aufgenommen – appelliert aus tiefer Notlage heraus an Gott, er solle sich als jener Retter erweisen, als
der er sich vor allem im Exodusgeschehen bereits erwiesen hat.

Enkel Hiobs

Wie tief entbrannte über uns dein Zorn!
Wo blieb die Feuersäule, die uns führte,
Dein Wunderfels, der, da man ihn berührte,
Uns Wasser gab, sich umwandelte zum Born.

Wo bleibt die Stimme, da der Dornbusch flammt?
Nicht Land, nur Blut, wohin wir auch enteilen,
Wo bleibt der Stab, für uns das Meer zu teilen.
Sind wir auf Ewigkeit zum Irr'n verdammt?

Ist uns die letzte Arche schon zerschellt,
Gibt's kein Entfliehn aus solcher Hölle,
Kein Ohr, das vor gewaltgem Schreie gelle,
Ist keine Liebe mehr auf dieser Welt?

Mit Tränen säten wir das erste Korn,
Und sieh, der Halm ist leer, den wir geschnitten.
Was willst du, Herr, noch über Hiob schütten?
– Gar tief entbrannte über uns dein Zorn …

Quelle: *Mascha Kaléko*, Enkel Hiobs, in: Aufbau 6 (New York 1940), S. 1. Mit freundlicher Genehmigung der Hunzinger Bühnenverlag GmbH, Bad Homburg v.d.H.

Lesehinweis: *Irene A. Wellershoff,* Vertreibung aus dem „Kleinen Glück". Das lyrische Werk der Mascha Kaléko (Diss. Aachen 1982).

5. Nelly Sachs: „Zuviel ‚warum' gefragt"

Wie keine andere Schriftstellerin wurde die gebürtige Berlinerin
Nelly Sachs (1981–1970) mit dem Würdenamen einer „Dichterin jüdischen Schicksals" ausgezeichnet. Gerade das Werk dieser Literatur-
nobelpreisträgerin gilt als sprachlich gelungenster Versuch, die
Greuel der Konzentrationslager in ihrer Unbegreifbarkeit dennoch
in Sprache zu fassen. Wichtig ist jedoch die Beobachtung, daß Nelly
Sachs keineswegs nur im Namen des jüdischen Volkes schreibt, sondern für alle Leidenden und Unterdrückten der Erde.

Ihr gültiges Gesamtwerk wird dabei durchzogen von zahlreichen Verweisen auf den biblischen Hiob, so daß man sie sogar als „Schwester
Hiobs" bezeichnet hat. Sicherlich findet die Klage des biblischen Vor-
bildes in ihren Gedichten eine würdige sprachmächtige Fortsetzung.
Drei zentrale Gedichte sollen den Einsatz von Hiob bei Nelly Sachs
verdeutlichen: „O die Schornsteine" – das Gedicht, mit dem ihr gültiges lyrisches Werk eröffnet wird, in dem in stammelndem Entsetzen
die grausige Landschaft der Vernichtungslager beschworen wird,
und das biblische Hiob-Motto allein eine letzte Hoffnung auf Gott
ausdrücken kann; das Zentralgedicht „Hiob", in dem dieser erneut
als universale Symbolfigur des Leidens erscheint, die wiederum eine
rätselhaft bleibende Hoffnung bewahrt; und „Landschaft aus Schrei-
en" – eine Collage aus Wortfetzen, die das Grauen mühsam in Vor-
stellbarkeit kleidet und „Hiobs Vier-Winde-Schrei" aufnimmt. Auch
zu Nelly Sachs finden sich Deutungshinweise im Schlußkapitel dieses
Buches.

Und wenn diese meine Haut zerschlagen sein wird,
so werde ich ohne mein Fleisch Gott schauen

Hiob

O DIE SCHORNSTEINE
Auf den sinnreich erdachten Wohnungen des Todes,
Als Israels Leib zog aufgelöst in Rauch
Durch die Luft –
Als Essenkehrer ihn ein Stern empfing
Der schwarz wurde
Oder war es ein Sonnenstrahl?

O die Schornsteine!
Freiheitswege für Jeremias und Hiobs Staub –
Wer erdachte euch und baute Stein auf Stein
Den Weg für Flüchtlinge aus Rauch?

O die Wohnungen des Todes,
Einladend hergerichtet
Für den Wirt des Hauses, der sonst Gast war –
O ihr Finger,
Die Eingangsschwelle legend
Wie ein Messer zwischen Leben und Tod –

O ihr Schornsteine,
O ihr Finger,
Und Israels Leib im Rauch durch die Luft!

Hiob

O DU WINDROSE der Qualen!
Von Urzeitstürmen
in immer andere Richtungen der Unwetter gerissen;
noch dein Süden heißt Einsamkeit.
Wo du stehst, ist der Nabel der Schmerzen.

Deine Augen sind tief in deinen Schädel gesunken
wie Höhlentauben in der Nacht
die der Jäger blind herausholt.
Deine Stimme ist stumm geworden,
denn sie hat zuviel *Warum* gefragt.

Zu den Würmern und Fischen ist deine Stimme
    eingegangen.
Hiob, du hast alle Nachtwachen durchweint
aber einmal wird das Sternbild deines Blutes
alle aufgehenden Sonnen erbleichen lassen.

Landschaft aus Schreien

IN DER NACHT, wo Sterben Genähtes zu trennen
    beginnt,
reißt die Landschaft aus Schreien
den schwarzen Verband auf,

Über Moria, dem Klippenabsturz zu Gott,
schwebt des Opfermessers Fahne
Abrahams Herz-Sohn-Schrei,
am großen Ohr der Bibel liegt er bewahrt.

O die Hieroglyphen aus Schreien,
an die Tod-Eingangstür gezeichnet.

Wundkorallen aus zerbrochenen Kehlenflöten.

O, o Hände mit Angstpflanzenfinger,
eingegraben in wildbäumende Mähnen Opferblutes –

Schreie, mit zerfetzten Kiefern der Fische verschlossen,
Weheranke der kleinsten Kinder
und der schluckenden Atemschleppe der Greise,

eingerissen in versengtes Azur mit brennenden Schweifen.
Zellen der Gefangenen, der Heiligen,
mit Albtraummuster der Kehlen tapezierte,

fiebernde Hölle in der Hundehütte des Wahnsinns
aus gefesselten Sprüngen –

Dies ist die Landschaft aus Schreien!
Himmelfahrt aus Schreien,
empor aus des Leibes Knochengittern,

Pfeile aus Schreien, erlöste
aus blutigen Köchern.

Hiobs Vier-Winde-Schrei
und der Schrei verborgen im Ölberg
wie ein von Ohnmacht übermanntes Insekt im Kristall.

O Messer aus Abendrot, in die Kehlen geworfen,
wo die Schlafbäume blutleckend aus der Erde fahren,
wo die Zeit wegfällt
an den Gerippen in Maidanek und Hiroshima.

Ascheschrei aus blindgequältem Seherauge –

O du blutendes Auge
in der zerfetzten Sonnenfinsternis
zum Gott-Trocknen aufgehängt
im Weltall –

Quelle: *Nelly Sachs,* Fahrt ins Staublose [1]1961 (Frankfurt 1988), S. 8;
95; 221–223. © Suhrkamp Verlag, Frankfurt am Main 1961.

Lesehinweis: *Ruth Dinesen,* Nelly Sachs. Eine Biographie (Frankfurt
1992).

6. Karl Wolfskehl: „Hiob oder Die vier Spiegel"

Neben Yvan Goll hat ein zweiter deutschjüdischer Dichter seine eigene Biographie genauso völlig unter das Zeichen Hiobs gestellt wie
sein lyrisches Schaffen: *Karl Wolfskehl* (1869–1948), der aus Protest
und auf der Flucht vor den Nationalsozialisten in das weitestmöglich
von Deutschland entfernte Gebiet emigrierte: nach Neuseeland.
Gerade ihn – der als George-Schüler versucht hatte, die deutsch-jüdi-
sche Symbiose im Sinne der Aufklärung wie kein anderer in sich zu
vereinigen – hatte die Barbarei in Deutschland im tiefsten Wesens-
kern getroffen. Sein Alterswerk stellt er nun ganz in das Zeichen
Hiobs: „Alles was ich bin, was ich füge" – schreibt er in einem Brief –
stehe von diesem Zeitpunkt an „unter dem ewigen Namen Hiob, seitdem bin ich, leb ich, erfahr ich Hiob".
So entsteht über lange Jahre ein erst posthum veröffentlicher
Gedichtzyklus unter dem Titel „Hiob oder Die vier Spiegel", in dem
Wolfskehl das gesamte jüdische Schicksal als Hiobsschicksal deutet:
Ein Vorspruch deutet diesen Zyklus als Krone des eigenen literarischen Schaffens. Vier Abteilungen führen dann – stets unter autobiographischen Zwischenbezügen – die benannte Ausdeutung
durch: „Hiob Israel" spürt dem Schicksal des jüdischen Volkes nach,
„Hiob Simson" deutet auch das Schicksal des alttestamentlichen
Richters Simson als Hiobsschicksal, „Hiob Nabi" erläutert das Hiobschicksal der Propheten, „Hiob Maschiach" schließlich schildert die
im Hiobsschicksal rätselhaft gleichzeitig erreichte Hoffnungserfül-
lung in der präsentisch erfolgten Ankunft des Messias.
Die folgenden Texte dieses sprachlich – durch Aufnahme zahlreicher
jüdisch-hebräischer Begriffe und Symbole – schwierigen Zyklusses
geben den Vorspruch sowie die Gedichte der ersten und vierten
jeweils längeren Abteilungen wieder. Deutungshinweise finden sich
in dem entsprechenden Kapitel in meinem Buch „Hiob unser Zeitgenosse".

Vorspruch

Tränen sind der Seele herber Wein,
Fliessend aus des Leids uralter Trotte.
Lauter dann, von Erdentrübe rein,
Glänzt der Wein, heissts, Spiegel Unserm Gotte.

Winzer Leid, dich grüss ich, meiner Trauben
Überschwere Beeren seien dein.
Herbste! Lang schon gilben meine Lauben:
Späte Lese bringt den vollsten Wein.

Dass er kühl in deinen Kellern gärt!
In der grossen Flut gönn eignen Tiegel
Meinem Wein, Leid, bis er, ausgeklärt,
Ganz demanten, wert ist Gottes Spiegel.

Der erste Spiegel: Hiob Israel

Wohl Hiob, wohl! In Weissglut seit der Wüste,
Warst Feuer und Schlacke, Wuchs und Niederbruch,
Sahst Reich um Reich in Blust, in Wank und Rüste,
Sahst immer Kante, Rand und Saum und Küste,
Strichst dem Geschick vorbei, du, mit Dem Buch.

Er Selber, Er, Der im Dornbusch Sich schenkte,
Dich Ihm verdingt, ja hadernd mit dir rang,
Seit Er den Sam in Sahras Lachen senkte,
Seit Er dem Sieger Ahn die Lende renkte,
Nur offenbar dir als ein Untergang,

Lieh dir Zeit, Breiten bloss, dass Er im Lodern
Dir Zeit und Breiten abbrannt' als ein Tuch.
Hüftlahm, blicklos schlichst du durch dein und aller
    Modern.
Stets endend, überstehnd, Eins mit Dem Buch.

Gebot dem Blinden ward: miss deine Kräfte!
Die Hand, die weisende, führte die Hand.
Mit schwerer Hand abbogst des Hauses Schäfte,
Dich schlagend schlug dein Gott den Götzentand.

Dann aber brach D E R E I N E, vor den Zinnen
Herfahrend, selbst Sich Säulenfirst und Dach,
Zerriss Sein Quadernzelt wie Priesterlinnen,
Die Priesterkron abwehte Sein Gelach,

Das Sahras. Kron entflog. Hiob dem Knechte –
Ob der die Kron am Ende fänd und brächte –
Von da verwehrt Er Näh und Opferruch:
„Sucht Mich allüberall! sucht! Meine Rechte
Stösst euch von Mir zu Mir. Ihr habt Das Buch."

Den Heiden überkams: als ihn im Leeren
Des Gottesraums anhauchte Nacht als Licht,
Losch Wissen, tot war Tat, vereist Begehren,
Hinschwanden Stufen, Wirbel, Leuchter, Sphären.
Das unschaubare Nichts hob Sein Gesicht.

Hob Sein Gesicht zum Heiden. Da verfiel er.
Wo blieb sein Schwert? sein Kranz? er? Stück war aus
Bald stand auf öder Bühn ein andrer Spieler –
Grösser? Wie alle: Scharlatan, oder Schieler –
Hiob der Bettler liess das Stundenhaus.

O Hiob, wie du seit die Erde flüchtig
Und trüb durchzogst, Gelbmal auf schwarzem Grund,
Niesatten Heischens, ganz Verzicht, ganz süchtig,
Unstetig stets, suchend noch *nach* dem Fund,

Im Arm Das Buch, lastengebeugt der Stolze,
Ein Bräutigam dennoch der die Satzung minnt,
Mit ihr sich einlässt, gar am flammenden Holze
Nur auf den Preis des Einen, Unsern, sinnt.

Aus flammt das Holz. Sinn, Minnen mit der Asche
Verstiebt. Bei vielen Büchern staubt Das Buch.
Hiob der Starre ward Hiob der Rasche,
Irrwendige. „Mehr, mehr! Ruh nie!" – dein Fluch.

Hast All und Eines so dir eingerostet –
Geschehn, Welt, Gestern: Zelle wirds, Heut und Ich –
Von Ostens letztem Anhauch dich ent-ostet,
Der Untergänge jeden vorgekostet,
Begreifst du dass der Aufgang von dir wich?

Traumschleier schlissen, märchenbunte Plane
Sinken – was blieb? – ins grenzenlose Hohl.
Du Letzter, Fernster, Nächster, Enkel und Ahne,
Du, bar von Bund und Buch, von Wähnens Wahne:
Bist du dir allgenug? W O H L   H I O B   W O H L.

Der vierte Spiegel: Hiob Maschiach

Wer wenn nicht du
Wann wenn nicht heut
Wo wenn nicht hier

I
Du, der Ruf, horch! Dir gilt er, dich trifft er:
Bist du nicht Siegel, bist du nicht Stifter?
Seid ihr nicht alle von Erst an Eins?
Jeder ein Kein-Ich, jeder dein Sein, Deins,
Jeder: Faser im Wimpel. Eins: Zettel und Schlag,
Weintröpflein alle in Gotts Gelag.
Fährst du nicht, Abram, jetzt übern Phrat?
Bist du nicht Moscheh, wirfst aus der Tora Saat?
David nicht, herziehnd zur Königstat?
Nicht der Gaon, Stimmenschlichter im Rat?
Oder der Baal Schem im Tanz aus dem die Schechinah
    trat?

Hiob immer, empfangen im Schoss der Not.
Hiob immer, erkoren zum Hocken im Kot.
Hiob immer von der Stimme umloht!
Und drum am End der Gesternlos, der von Nirgendher
    naht,
Weil die Gotteswelt wartet auf ihn droben und drinnen,
    Stund um Stund, früh und spat!
Auf Ihn Urständ, Ihn Aufbruch, Ihn Demant aus der Truh.
„Wer ist denn der Ihn, der unnambare Ihn?
Wer ist das der Ihn das macht uns verwirrt.
Meint das jenen Ihn der die Tirza kirrt,
Oder den Ihn, der, ein Spielball, am Estrich verklirrt?
Oder den Ihn, der sich im Wald verirrt,
Im Bannwald so voller Schedim schwirrt,
Drin Er sich verliert. Nie kriegt verziehn
Der irrende Ihn. Ist Der der Ihn?
Er oder Wer? Dem Heil-Unheil verliehn?
Der Nein und der Ja, der verdorben gediehn?"
Der Ihn ist nicht Wahl, der Ihn ist nicht Wahn, der Ihn ist
    Fug.
Ist Der und ist mehr.
Der Ihn ist Dabei, Vereinung ist er.
Der Ihn ist immer Einer von Zwein,
Doch allweil der Andre – wie einst wer frug:
Bin ich es?
Da wusste man: dieser ist Fluch und Trug.
Fang an zu wundern, fang an zu schrein.
Dann bist du's.
Brenn's ganz in dich ein.
Dann bist du's
Der Ihn dann dein Du.
Der Ihn dann Du, dein Du'stes Du.
Wer wenn nicht Du?

II
Seid ihr bereit? seid ihr gerüstet?
Weh wenn er da wär, ohn dass ihr wüsstet,
Dass er nimmer die Sach ist, mit der ihr euch brüstet.
Dass er irgendwas ist danach euch gar nicht lüstet.
Dann, just dann kommt er euch in die Quer –
Ja er ist da, fragt nicht woher.
Ist doch schon da; da, wie alles von eh.
Ist doch schon da, ist das Wasser im Schnee.
Ist der Nagel in der Nuss, ist der Honig im Klee.
Alltagsdust ist er, vom Besen gefegt.
Im Essig der Wurm ist er, der aalig sich regt.
Am End der verwetterte Stein ist er, an Wegrands staubig-
    ster Stell?
Ach gar der Krah am Kahlast, was rahlt er so grell?
Schaut nur genau auf des Rebben Tür:
Rückt der Knauf nicht? Ob wer dran rühr?
Bleibt dem Nowi sein Stuhl auch diesen Seder leer?
Wer stösst grad in den Schofar, wer?
Mitten am Werktag kein Krach in der Gass?
Mausstill die Jeschiwa - was heisst denn das?
Schule und Schul-Hof blitzblank gescheuert –
Habt ihr euch den Golem geheuert?
Wunder! Der Schlot qualmt und Keiner feuert!
Täts wer am Jontef, Faust wär ihm verdorrt.

Unfehlbar, wenn ihr zum letzten Geleite
Einen von euch fahrt, zu bringen ihn fort,
Steht ein Bettler und benscht am Guten Ort,
Rostig rasselt seines Kiddusch Gekeuch.
Für den Alten der Heller keinen reute.
Ihr lupft schon den Beutel: „Nun? ist er dasmal nicht dort?
Ist er siech, ist er faul, ward ihm bessre Beute?"
Sie ward ihm, er schwingt sie hoch über euch,

Singt, wie ein Chasan seine Stimme so weich,
Schaufäden schwingt er mitten unter euch
Als einer von euch – daß keiner ihn verscheuch!
Ist einer von euch, der Neue zugleich,
Der Neue, der Erstling, der bringet das Reich.
Lugt, horcht, ausharrt, ihr alle Leute,
Reift doch, begreift doch, was das bedeute:
Nimmer wärs wenn nicht hier, wenn nicht heute:
Wo wärs wenn nicht hier? Wann wärs wenn nicht heute?
Wo wenn nicht hier? Wann wenn nicht heute?

III
Und herbei zog ein Wind und der Wind wars nimmer.
Und bog leinend Einer sich im Zimmer,
War es nicht – ob sein Nigen auch klagend pries,
Ringend beschwor, indes der Wind herum blies und blies.
Der Wind muss doch wehn, der Beter muss doch flehn,
Je und je hats so zu sein, so zu geschehn.
Tage kommen, Tage gehn,
So lang Welt steht auf der Eckpfeiler Zehn.
Und auf einmal ist heut Das Heut, auf einmal wird Heut
    Hier.
Auf einmal bist du Helle, bist Zier, bist Der Wir.
Was heisst das? das heisst: du darfst Dich sehn,
Das heisst: du darfst Dich Maschiach sehn,
Ihn, Dich wallen sehn, der Verheissung Panier.
Ihn, Dich schreiten sehn, Glitzglanz Dein Schuh.
Maschiach Odem haucht Heilsam, Maschiach Fuss blümt
    die Fluh.
Heilig dann Getier und Getier.
Beim Wolf ruht das Lamm, Leu'n kost die Kuh.
Prallen Korns voll siebenfach alle Schütten Stroh.
Segen um Segen, Du willst es so,
Denn da ist Dein Wann. Da ist Dein Wo

Und Dein Du, Dein Du bist Du.
Lautlosen Rufs kommst, ganz in Bundes Ruh.
Pforten, Pforten weit offen, Ein Tor schlug zu:
Ein Tor schlug zu.
Ein Tor schlug zu, schlug die Augen zu.
Ein Tor schlug zu und war froh dazu.
Ein Tor schlug zu. Das Tor hiess: ich tu.
Weil Ich Mir zerstob, ein Nirgendwo.
Wohl, du kommst zu Dir.
Wohl, du wirst Du.
Aufgang rundum, alles Ein Ja-Hallelu.
Sphären schmelzen in Baruch Hu.
Himmel, Erden Ein Einig Schemah.
Wieder geschieht was B E - R E S C H I T H geschah.
Da dann Du, Du dann da.
Ja: nun Du Er. Ja Er nun Du.
Er der Andre, der Jeder, der Allzeit-Unzeit-Nu.
Halt dich – Er Du. Vergeh – Er Du.
Gegenwart, Opferstatt, Du Du Du.
Hiob-Du. Maschiach-Du.
W E R – E R – D U.

Quelle: *Karl Wolfskehl*, Gesammelte Werke, hrsg. von Margot Ruben/Claus Viktor Bock (Hamburg 1960), Bd. I, S. 203–215 (Auszug). Mit freundlicher Genehmigung der Deutschen Schillergesellschaft Marbach am Neckar.

Lesehinweis: *Karl Wolfskehl*, Briefwechsel aus Neuseeland 1938–1948, 2 Bde., hrsg. von Cornelia Blasberg (Darmstadt 1988).

7. Elie Wiesel:
„Hiobs revolutionäres Schweigen"

Man hat ihn selbst den „Hiob von Auschwitz" genannt, ihn, dessen Überlebensberichte der Vernichtungslager zu den eindrücklichsten Zeugnissen der Shoah gehören: Elie Wiesel (*1928). In zahllosen Romanen, Dramen, Bibelbetrachtungen und Meditationen hat sich der Friedensnobelpreisträger seitdem immer wieder mit diesem einen Thema beschäftigt – der unglaublichen Brutalität und Vernichtungskraft des Menschen und der Frage, wie ein Gott weiterhin gedacht werden kann, der dies zuläßt. Von Anfang an findet sich auch bei ihm stets der Bezug zu Hiob, seiner biographischen wie literarischen, in Bewunderung wie Ablehnung immer wieder neu gesuchten Identifikationsgestalt: „Ich liebe Hiob, wer tut es nicht?", bekannte er 1987 auf einer Tagung der Evangelischen Akademie in Loccum.

Neben zahllosen Bezügen in unterschiedlichsten Romanen und einem eigenen – bislang nur auf französisch vorliegenden – Kommentarband zum Hiobbuch, hat Wiesel 1975 einen eigenen Midrasch veröffentlicht, eine Bibelauslegung in Erzählform nach Art der Rabbinen. Verschiedenste Aspekte Hiobs – stets explizit „unser Zeitgenosse" genannt – werden beleuchtet. Zahlreiche Zeugen der rabbinischen Auslegung werden angeführt, vor allem aber spürt Wiesel der Frage nach, warum Hiob am Ende des Buches verstummt und seine Fragen zurückzieht. Wie erklärt sich dieses „revolutionäre Schweigen"? Die folgenden Textauszüge geben darüber Auskunft.

Hiob oder das revolutionäre Schweigen

Es war einmal irgendwo in einem fernen Land ein Mann, der war gerecht und weise, demütig und barmherzig. Sein Reichtum und seine Tugenden erregten Neid im Himmel und auf Erden. Sein Name war Hiob.

Ob Vorläufer oder Zeitgenosse, seine Gestalt erscheint uns vertraut, seine Prüfungen und Probleme sind im Heute verankert. Wir kennen seine Geschichte, als hätten wir sie selbst erlebt. In schweren Stunden greifen wir zu seinen Worten, um Zorn, Auflehnung oder Unterwerfung auszudrücken. Er gehört zur verwüsteten Landschaft unserer Seele.

Hiob, das ist ein Augenblick der Leidenschaft, ein Bild der Angst, ein zurückgehaltener, aber nicht erstickter Schrei in uns, der hinausdrängt, ein tausendfach gesplitterter Spiegel, der das Bild einer in der Sinnlosigkeit zerbrochenen Einsamkeit zurückwirft. In ihm berühren sich Legende und Wahrheit; denn in ihm kommen das Wort und das Schweigen wieder zusammen. Seine Wahrheit ist aus Legenden gebildet und seine Worte werden von Schweigen genährt.

Wenn wir versuchen, unserm eigenen Schicksal Ausdruck zu geben, ist es sein Schicksal, von dem wir erzählen, und die Geschichten seines Lebens, das Trugbild seiner Äußerungen, das alles haben wir erlitten und haben daraus unsere Erfahrung des Bösen und des Todes gewonnen. Wie wir von dem Feuer, das die Wälder der Menschen verbrennt und ihnen eine Schönheit und ein überirdisches Geheimnis verleiht, geblendet sind, so nehmen wir an seiner Verblendung teil.

Plötzlich erscheint Gott in dem Bericht und beschließt, seine Stimme vernehmen zu lassen. Der Midrasch schreibt, daß Hiob spürte, wie seine Haare vom Sturm ergriffen wurden und daß er so die göttliche Stimme wahrnahm. Besagt das, daß dieser Umschwung nur in seinem Kopf stattfand? Das ist möglich, aber im Grunde ohne Bedeutung. Ob Wahnvorstellung oder Wirklichkeit, Hiob empfindet sich als Sieger. Gott antwortet ihm mit einer ganzen Serie von Fragen. Wo warst du, als ich die Berge und Winde schuf? Was weißt du von meinen Geheimnissen, um meine Wege und Pläne in Frage zu stellen? Was weißt du von der Gerechtigkeit und von der Art, wie ich über sie verfüge? Und die Wahrheit, die Gnade, das Leben – was weißt du davon, um es zu wagen, von mir eine Erklärung zu fordern? Gott läßt nichts verlauten, was Hiob als Antwort, als Erklärung oder als Rechtfertigung für seine Prüfung interpretieren könnte. Gott sagt weder, du hast gesündigt, du hast dich schlecht benommen, noch sagt er, ich selber habe Unrecht gehabt. Er hält sich an allgemeine Begriffe und hat nur starke Vereinfachungen anzubieten. Die individuelle Erfahrung Hiobs, seine persönlichen Schicksalsschläge zählen kaum, nur der Kontext, die Gesamtschau zählt. Die Idee vom Leiden bedeutet mehr als das Leiden, und die Idee von der Erkenntnis mehr als die Erkenntnis. Gott spricht mit Hiob über alles, nur nicht über das, was ihn selbst betrifft; er stellt sein Recht auf Individualität in Abrede. Trotzdem erklärt sich Hiob, statt sich zu entrüsten, für befriedigt. Er ist gerächt, rehabilitiert. Er fordert weiter nichts. Für ihn ist Gerechtigkeit geschehen.

Der wilde Streiter, der unerschrockene Rebell, der es angesichts des Himmels gewagt hat, sich als freier Mensch und Ankläger auszudrücken, beugt jetzt, gleich nach seinem ersten Einsatz, die Stirn. Gott hat kaum gesprochen, und schon bereut Hiob. Ist er so stolz darauf, daß er das göttliche Epos inspiriert hat, so zufrieden, es gehört zu haben, daß er dessen Kern und Ursprung außer acht läßt? Ist er durch die himmlische Stimme so beeindruckt, daß er darüber seinen Entschluß vergißt? Kaum hat Gott seine Rede beendet, da weicht Hiob zurück, zieht seine Fragen zurück, annulliert seine Klagen. „Es stimmt", sagt er plötzlich ganz demütig, „ich bin klein und unbedeutend, habe nicht das Recht, eigene Gedanken zu äußern, ich wußte nicht, begriff nicht, konnte nicht wissen. Fortan werde ich mit Gewissensqualen leben in Staub und Asche."

Hiob, unser Held, unser Bannerträger, er ist nun geschlagen und besiegt, hat sich unterworfen, liegt auf den Knien und kapituliert bedingungslos. Großmütig gestattet Gott ihm, sich zu erheben und wieder zu leben.

Warum soll ich nicht sagen, daß Hiob mich vor allem nach dem Kriege in Verwirrung gestürzt hat. Man traf ihn damals auf allen Wegen Europas, verwundet, beraubt, verstümmelt, sicher nicht glücklich, aber auch nicht resigniert. Seine Unterwerfung im Buche Hiob erschien mir wie ein Hohn. Er hätte nicht so schnell nachgeben dürfen. Er hätte mit seinem Protest nicht aufhören dürfen und die Trinkgelder zurückweisen müssen. Er hätte zu Gott sagen müssen: „Gut, ich verzeihe dir, verzeihe dir insofern es sich um mich handelt, um meinen Gram, um meinen Todeskampf. Aber meine toten Kinder, verzeihen sie denn dir? Habe ich das Recht, in ihrem Namen zu sprechen? Habe ich das moralische, das menschliche Recht, ein Ende und eine Lösung für diese Geschichte zu akzeptieren, in der sie Rollen gespielt haben, die du ihnen nicht ihretwegen, sondern meinetwegen auferlegt hast? Wenn ich deine Ungerechtigkeiten offiziell anerkennen würde, würde ich dann nicht dein Komplize werden? Ich muß zwischen dir und meinen Kindern wählen und weigere mich, sie zu verstoßen. Ich fordere, wenn nicht für mich, so doch für sie, daß Gerechtigkeit geschehe und der Prozeß weitergeht ..."

Ja, eine solche Sprache hätte er sprechen müssen. Nun hat er aber nichts gesagt, hat akzeptiert, so zu leben wie vorher. Hier liegt der eigentliche Sieg Gottes. Er hat Hiob dazu gezwungen, das Glück anzunehmen. Nach der Katastrophe lebt Hiob glücklich wider seinen eigenen Willen.

Sein Prozeß geht jedoch weiter. Die Tragödie Hiobs endet nicht mit Hiob.

Deshalb unterwarf sich Hiob, der Gerechte, der Weise, so schnell und so total; um den Gegner zu täuschen. Zum

Schluß seines Kampfes, von dem Hiob weiß, daß er von
Anfang an verloren ist – denn wie kann ein Mensch hoffen,
Gott zu besiegen –, entdeckt Hiob eine harmlose Metho-
de, um in seinem Widerstand zu verharren, er tut so, als
gäbe er freiwillig auf, bevor noch die eigentliche Schlacht
begonnen hat.
Wenn er standgehalten, wenn er sich mit den göttlichen
Argumenten Punkt für Punkt auseinandergesetzt hätte,
würde man daraus gefolgert haben, daß er bei der rhetori-
schen Überlegenheit seines Gesprächspartners sich nur
seine Niederlage eingestehen konnte. Aber er sagt ja zu
Gott, sagt sofort ja, ohne zu zögern, ohne zu überlegen,
ohne wenn und aber und ohne jeden Widerspruch. So verstehen wir, daß Hiob trotz der äußeren Umstände, oder
gerade deswegen, weiterhin Fragen an den Himmel richtet. Er bereut Sünden, die er nicht begangen, und rechtfertigt Leiden, die er nicht verdient hat, und gibt uns
dadurch zu verstehen, daß er an seine eigenen Geständ-
nisse nicht glaubt, daß sie nur eine List sind. Er verkörpert
das ungestillte Suchen nach Gerechtigkeit und Wahrheit,
er hat nie den Nacken gebeugt. Sein Versuch wird also
nicht vergebens sein, denn ihm verdanken wir die
Erkenntnis, daß es dem Menschen gegeben ist, die göttliche Ungerechtigkeit in menschliche Gerechtigkeit zu verwandeln.

Quelle: *Elie Wiesel,* Hiob oder das revolutionäre Schweigen, in: *ders.*
Adam oder das Geheimnis des Anfangs. Brüderliche Urgestalten
[1]1975 (Freiburg 1987), S. 207–232, hier: S. 226–232. (Herder Spektrum Band 4249, Verlag Herder, Freiburg [2]1994).

Lesehinweis: *Reinhold Boschki,* Der Schrei. Gott und Mensch bei Elie
Wiesel (Mainz [2]1995).

IV. Hiob – ein Vorläufer Christi?

Findet sich eine der jüdischen Hiobrezeption vegleichbare
Tradition auch in der dezidiert christlichen Literatur?
Ohne Zweifel ist diese Frage zu verneinen. Hiob ist eindeutig kein besonderer Liebling für christliche Schriftsteller. Zu sehr stand er einerseits im Schatten der jahrhun-
dertelangen Halbierung seines Charakters – allein der Zug
des demütigen Dulders wurde von den Kirchen überhaupt
wahrgenommen. Zu sehr wurde und wird aber andererseits in gewissen christlichen Kreisen die Beschäftigung
mit dem Ersten Testament grundsätzlich immer noch
unter dem Vorzeichen betrachtet, es sei ja das „Alte" und
damit überholte Testament. Die Hiobfrage sei „für den
Christen prinzipiell nicht mehr aktuell", so etwa der protestantische Exeget *Franz Hesse* 1978, ja mehr noch: Hiob
könne „in der Art, wie er seine Fragen stellt und zu beantworten versucht, keine Wegweisung für rechten christlichen Glauben sein"[31].
Dieser Tradition stehen freilich inzwischen zahlreiche
Stimmen entgegen. Schon *Wilhelm Vischer* hatte 1933 auf
die enge Verbindung von Hiob und Jesus verwiesen. Hiob
sei ein früher Zeuge Jesu Christi, und die Christen selbst
„glauben nun erst recht, was Hiob geglaubt hat"[32]. Literarische Ausgestaltungen dieses Gedankens finden sich dar-
aufhin in zahllosen geistlichen Spielen oder frommen

[31] *Franz Hesse,* Hiob. Zürcher Bibelkommentar AT 14 (Zürich 1978),
S. 20.
[32] *Wilhelm Vischer,* Hiob ein Zeuge Jesu Christi ¹1933, in: Bekennende
Kirche. Schriftenreihe hrsg. von Theodor Ellwein und Christian
Scholl, Heft 8 (München 1934), S. 35.

Gedichten, in denen eine Verbindung von Hiob zu Jesus
gezogen und die christliche Perspektive als Antwort auf die
vorher offen gebliebene Hiobfrage vorgestellt wird. Heutige Theologen beider christlicher Konfessionen gehen
freilich weiter. *Erich Zenger* etwa – der sich engagiert für die
eigene Wertschätzung des Ersten Testamentes auch für
Christen einsetzt – schreibt stellvertretend über die vielfältigen „biblisch angebotenen Möglichkeiten", die menschlichen „Ängste und Erfahrungen vor Gott auszusprechen
und anzunehmen"[33], zu denen vor allem auch Hiob einen
unverzichtbaren, gültig bleibenden Eigenanteil beisteuert.
Welche der genannten Aspekte werden in den wenigen
bemerkenswerten Beispielen christlicher literarischer Auseinandersetzung mit Hiob aufgegriffen und gestaltet? Vor
allem unter dieser Fragestellung sind die Texte der folgenden Abteilung zu lesen. Einige kreativ-eigenständige essay-
istische Textbeispiele werden hier zu den im strengen Sinne literarischen Zeugnissen hinzugenommen.

---

[33] *Erich Zenger,* Das Erste Testament. Die jüdische Bibel und die
Christen (Düsseldorf 1991), S. 125.

1. Paul Claudel: „Antwort im Kreuz Christi"

Der französische Autor *Paul Claudel* (1868–1955) gilt geradezu als
der Prototyp des „katholischen Schriftstellers" im traditionellen Sinne: ein Autor der Bestätigung der vorvatikanischen Kirche und Theologie mit ihrem Schwergewicht auf Hierarchie, Liturgie, Sakramente
und Sündenmystik. Und tatsächlich belegt sein – heute so unzeit-
gemäß wirkendes – Werk diese klassische Etikettierung. Freilich:
Durch sein Leben und Werk zieht ein Gegenstrom, ein zweifelndes,
fragendes Ringen, das den Namen „Hiob" trägt. Auch für ihn ist dieser Hiob ein Fascinosum, das ihn zeitlebens nicht zur Ruhe kommen
läßt.
Die Beschäftigung mit Hiob hat zwei bleibende literarische Zeugnisse geprägt. Zum einen das 1944 entstandene Gedicht „Antwort an
Hiob", in dem er die Hiobklage zu Wort kommen läßt, zum anderen
ein in den Jahren 1941–1942, in tiefen persönlichen wie gesellschaft-
lichen Krisenzeiten entstandener Essay, 1946 unter dem schlichten
Titel „Das Buch Job" veröffentlicht. Claudel meditiert hier über das
Hiobbuch als gleichfalls enttäuschendes wie anziehendes Rätsel:
Warum läßt Gott das Leiden Hiobs zu? Und welche kaum erschließ-
bare Bedeutung haben die eigentümlichen Gottesreden? Er löst die-
se Fragen mit einem – theologisch fragwürdigen – Verweis auf
„Satan" als gleichstarke Gegenmacht des zwar wohlwollenden, aber
ohnmächtigen Gottes. Hoffnung aber scheint nur auf durch die im
Hiobgeschehen bereits aufleuchtende Gestalt des Erlösers Jesus
Christus. Hierzu einige Textauszüge.

Welche Enttäuschung! Die ganze Verteidigungsrede Jobs
ist, als wenn sie nicht gehalten worden wäre. Der göttliche
Sprecher gibt sich gar keine Mühe, auch nur auf eine seiner Ausführungen, auch nur auf einen seiner Beweise einzugehen! Kein Wort des Trostes, des Mitgefühls oder der
Rechtfertigung. Und auch nicht andeutungsweise ein Ver-

sprechen oder eine Hoffnung. Sondern eine Zurschaustellung von Macht und Größe, die nicht wesentlich verschieden ist von der bis zur Ermüdung wiederholten und wiedergekäuten Darstellung der drei Biedermänner und des vierten. Das mag noch hingehen, wenn der Schöpfer des Alls sozusagen in seinem Element ist, wenn er als Baumeister mit uns einen Rundgang durch seine Bauten macht. Aber was sollen am Ende seiner Rede die Rankenleisten mit den seltsam ausgewählten Verzierungen mit Bildern aus der Naturgeschichte? Und das Ganze schließt mit einer wohlgefälligen und eingehenden Darstellung zweier Ungeheuer, Behemoths und Leviathans, die so dunkel ist, daß die Schriftgelehrten sich nie darüber einig werden konnten, ob es sich um ein Nilpferd, einen Elefanten, ein Krokodil oder einen Walfisch handelt. Welchen Nutzen und welchen Trost kann es Job, und uns in seinem Gefolge, bringen, wenn er von Behemoth erfährt, daß „die Nerven seiner Männlichkeit verschlungen" sind? Und was bedeutet es, wenn es in verwirrenden Übertreibungen heißt, daß das eine Tier „der Erstling der Wege Gottes" ist (40,14) und daß vor dem zweiten „selbst die Engel sich entsetzen, wenn es sich erhebt", wofern diese Tiere in unserer gegenwärtigen Betrachtung überhaupt etwas zu sagen haben?
Und darüber schweigt der Herr. Er scheint nichts mehr zu sagen zu haben.
Jedoch der Leser, der tiefe Achtung vor dem geschriebenen Wort empfindet, und der wohl hundertmal in fünfzig mit Studien und Überlegungen gefüllten Jahren über denselben Texten gegrübelt hat, kann sich damit nicht zufrieden geben. Die Frage ist zu ernst. Er gerät in Verwunderung, er sucht, er denkt, er wägt ab. Und langsam ersetzt die Möglichkeit einer genaueren Zeichnung den Wirbel verworrener Bilder.

Für mich liegt der Sinn der Rede Gottes in folgendem
beschlossen: Die Ursache des Bösen ist der Böse.

So also nimmt der Herr Job zum Vertrauten; er stellt ihm
Fragen über Dinge, die so ewig sind, daß sie sogar in seinem Geiste – wie er meint – von Anbeginn gegenwärtig
sind. Bei jedem weiteren Wort des erhabenen Fragers ent-
sinnt er sich, weiß er, legt er die Hand auf seinen Mund. Er
versteht, was geschehen ist. Gott zieht ihn ins Einverneh-
men. Es handelt sich nicht so sehr darum, einen Wider-
strebenden zu überzeugen, vielmehr ist es so, als ob ein
Verschwörer einen Komplizen anwirbt und ihm die Lage
erklärt. Jetzt weiß Job, daß er nicht Opfer eines blinden
Zufalls ist, daß Gott nicht sein Feind ist, daß zwischen Ihm
und dem Menschen ein Echo besteht, daß man mit ihm
rechnet, und daß Gott als Urheber der Ordnung nicht der
Urheber des Bösen und der Unordnung ist. Aber er verlangt von Job, eine Tatsache hinzunehmen, gegen die –
wie man sogar meinen sollte – Er selbst, der Allmächtige,
ohnmächtig ist. Er führt ihm einige furchtbare Krank-
heitszeichen ganz deutlich und eindringlich vor. In der
Schöpfung gibt es gewisse widerspenstige Bestandteile, aus
derem bloßen Dasein heraus man schon schließen muß,
daß Ich sie erlaubt habe, und aus der Tatsache Meiner
Erlaubnis heraus, daß Ich nicht anders gekonnt habe. Wie
du dir nicht verhehlen kannst, sind diese Bestandteile
nicht nur in dir, sondern auch außerhalb deiner mit jenem
persönlichen Unbill verknüpft, worüber du Klage führst.

Dem Anblick des Unglückes Seines Geschöpfes kann das
göttliche Erbarmen nicht widerstehen. Ecce adsum! Bis ins
Innerste des Ungeheuers. Er macht sich auf den Weg nach
Seinem verschlungenen Ebenbilde! „Wer wird aufdecken
die Öffnung in der Hülle seines scheinbar undurchdring-

124

lichen Gewandes? Wer wird eingehen mitten in seinen
Mund? Wer wird die Pforten seines Antlitzes auftun? Wer
die schrecklichen Zähne, die seinen Abgrund im Inner-
sten säumen?" Wer anders als das Kreuz Jesu Christi?, wer
anders als der Ring, der durch seine Nase geht?, wer
anders als der Haken, der seine Kinnbacke durchstößt?,
wer anders als der unverrückbare Anker, der seine Einge-
weide durchbohrt? Die Lockspeise war im Inneren zube-
reitet. Mit dem Leid hat die Hölle die Erlösung geschluckt.
Ero morsus tuus, inferne! Satan ist nicht mehr frei. Er hat
sich nicht absondern und verschanzen können. Er, der als
Losung hatte: Non serviam! ist vom Knecht zum Sklaven
herabgesunken! In seiner Mitte trägt er einen Gott, der
sein Herz durchbohrt!
Job weiß jetzt alles, was ihm zu wissen nottat: „Mit des
Ohres Gehör hörte ich von Dir", so spricht er, „doch nun
sieht Dich mein Auge."

Quelle: *Paul Claudel,* Das Buch Job ¹1946, in: *ders.,* Gesammelte Werke, Bd. 6: Religion (Benziger Verlag, Düsseldorf und Solothurn), S.
437–466, hier: 446–447, 457–458, 466.

Lesehinweis: *André Espiau de La Maëstre,* Das göttliche Abenteuer.
Paul Claudel und sein Werk (Salzburg 1968).

2. C. G. Jung: „Hiobs moralischer Sieg über Jahwe"

Keine Hiobdeutung unserer Zeit war und ist umstrittener als die des Schweizer Psychoanalytikers und Tiefenpsychologen C.G. Jung (1875–1961). Jung, Begründer der Archetypenlehre, versucht in seiner Studie „Antwort auf Hiob" (1952) die Bibel „als Laie" zu lesen – wie er in einem Brief erklärt – ohne exegetische Kenntnisse, aber mit „psychologischem common sense". Das Buch ist ein Alterswerk, geschrieben wie in einem Rausch, und die unterschiedlichsten Lebensthemen, religiösen Beeinflussungen und philosophischen Spekulationen fließen wie Lavaströme in die Darlegungen hinein. Kein wohlstrukturiertes Argumentieren darf man erwarten, sondern assoziativ aufgeladene Spekulationen. Jung untersucht Hiob und seinen Gott, als wären sie zwei seiner Patienten, die er einer psychiatrischen Behandlung unterzieht. Zwei Punkte springen ihm vor allem ins Auge. Erstens: Hiob stand in der Auseinandersetzung moralisch höher als der scheinbare „Sieger", Jahwe. Und zweitens: Weil das so ist und Jahwe sich dessen allmählich mit Hilfe der „Sophia", der göttlichen Weisheit, bewußt wurde, mußte er seine wahre Antwort erst noch geben und gibt sie in der Menschwerdung Christi. In Jesus Christus löst Jahwe seine Bringschuld den Menschen gegenüber ein und gibt so seine „Antwort auf Hiob". Mit dem nochmaligen Hinweis darauf, daß hier kein Theologe spricht, sondern ein Psychoanalytiker, der die Bibel in seiner Perspektive betrachtet, sei zu den wichtigsten Textaussagen dieses hochkomplexen und vielfältigen Buches übergeleitet.

Noch in der Zeit Hiobs ist Jahwe berauscht von der ungeheuren Macht und Größe seiner Schöpfung. Was bedeuten daneben schon die Sticheleien Satans und die Lamentationen der wie Flußpferde geschaffenen Menschen, auch wenn sie Gottes Abbild tragen? Jahwe scheint überhaupt vergessen zu haben, was letzteres bedeutet, sonst hätte er wohl Hiobs menschliche Würde nicht so vollständig ignoriert.

Es sind eigentlich erst die sorgfältigen und vorausschauenden Vorbereitungen zur Geburt Christi, welche erkennen lassen, daß die Allwissenheit anfängt, einen nennenswerten Einfluß auf Jahwes Handeln zu gewinnen. Ein gewisser philanthropischer und universalistischer Zug macht sich bemerkbar. Die „Kinder Israels" treten gegenüber den Menschenkindern etwas in den Hintergrund, auch hören wir seit Hiob zunächst nichts mehr von neuen Bünden. Weisheitssprüche scheinen an der Tagesordnung zu sein, und ein eigentliches Novum, nämlich *apokalyptische Mitteilungen,* macht sich bemerkbar. Das deutet auf metaphysische Erkenntnisakte hin, d.h. auf „konstellierte" unbewußte Inhalte, die bereit sind, ins Bewußtsein durchzubrechen. In allem ist, wie schon gesagt, Sophias hilfreiche Hand am Werke.

Wenn man Jahwes Verhalten bis zum Wiederauftreten der Sophia im ganzen betrachtet, so fällt eine unzweifelhafte Tatsache auf, daß sein Handeln von einer *inferioren Bewußtheit* begleitet ist. Immer wieder vermißt man die Reflexion und die Bezugnahme auf das absolute Wissen. Seine Bewußtheit scheint nicht viel mehr als eine primitive „awareness" (wofür es leider kein deutsches Wort gibt) zu sein. Man kann den Begriff mit „bloß wahrnehmendes Bewußtsein" umschreiben. Awareness kennt keine Reflexion und keine Moralität. Man nimmt bloß wahr und handelt blind, d.h. ohne bewußt-reflektierte Einbeziehung des Subjekts, dessen individuelle Existenz unproblematisch ist. Heutzutage würde man einen solchen Zustand psychologisch als „unbewußt" und juristisch als „unzurechnungsfähig" bezeichnen. Die Tatsache, daß das Bewußtsein keine Denkakte vollzieht, beweist aber nicht, daß solche nicht vorhanden sind. Sie verlaufen bloß unbewußt und machen sich indirekt bemerkbar in Träumen, Visionen, Offenbarungen und „instinktiven" Bewußtseinsveränderungen, aus deren Natur man erkennen kann, daß sie von einem „unbewußten" Wissen herrühren und durch unbewußte Urteilsakte und Schlüsse zustande gekommen sind.

Etwas Derartiges beobachten wir in der merkwürdigen Veränderung, die nach der Hiobepisode sich im Verhalten Jahwes eingestellt hat. Es ist wohl nicht daran zu zweifeln, daß ihm die moralische Niederlage, die er sich Hiob gegenüber zugezogen hat, zunächst nicht zum Bewußtsein gekommen war. In seiner Allwissenheit stand diese Tatsache allerdings schon seit jeher fest, und es ist nicht undenkbar, daß dieses Wissen ihn unbewußt allmählich in die Lage gebracht hat, so unbedenklich mit Hiob zu verfahren, um durch die Auseinandersetzung mit letzterem sich etwas bewußt zu machen und eine Erkenntnis zu gewinnen. Satan, dem später nicht zu Unrecht der Name „Lucifer" [Lichtträger] zuerkannt wurde, verstand es, die Allwissenheit öfter und besser zu nützen als sein Vater. Es scheint, daß er der einzige unter den Gottessöhnen war, der soviel Initiative entwickelte. Auf alle Fälle war er es, der Jahwe diejenigen unvorhergesehenen Zwischenfälle in den Weg legte, welche in der Allwissenheit als nötig, ja unerläßlich für die Entwicklung und Vollendung des göttlichen Dramas gewußt waren. Dazu gehörte der entscheidende Fall Hiob, der nur dank der Initiative Satans zustande kam.

Der Sieg des Unterlegenen und Vergewaltigten ist einleuchtend: Hiob stand moralisch höher als Jahwe. Das Geschöpf hatte in dieser Beziehung den Schöpfer überholt. Wie immer, wenn ein äußeres Ereignis an ein unbewußtes Wissen rührt, kann letzteres bewußt werden. Man erkennt das Ereignis als ein „déjà vu" und erinnert sich an ein präexistentes Wissen darum. Etwas Derartiges muß mit Jahwe geschehen sein. Die Überlegenheit Hiobs kann nicht mehr aus der Welt geschafft werden. Damit ist eine

Situation entstanden, die nun wirklich des Nachdenkens und der Reflexion bedarf. Aus diesem Grunde greift Sophia ein. Sie unterstützt die nötige Selbstbesinnung und ermöglicht dadurch den Entschluß Jahwes, nun selber Mensch zu werden. Damit fällt eine folgenschwere Entscheidung: er erhebt sich über seinen früheren primitiven Bewußtseinszustand, indem er indirekt anerkennt, daß der Mensch Hiob ihm moralisch überlegen ist und daß er deshalb das Menschsein noch nachzuholen hat. Hätte er diesen Entschluß nicht gefaßt, so wäre er in flagranten Gegensatz zu seiner Allwissenheit geraten. Jahwe muß Mensch werden, denn diesem hat er Unrecht getan. Er, als der Hüter der Gerechtigkeit, weiß, daß jedes Unrecht gesühnt werden muß, und die Weisheit weiß, daß auch über ihm das moralische Gesetz waltet. *Weil sein Geschöpf ihn überholt hat, muß er sich erneuern.*

Wir erblicken also den unmittelbaren Grund für die Menschwerdung in der Erhöhung Hiobs und den Zweck derselben in der Bewußtseinsdifferenzierung Jahwes. Dazu hat es allerdings einer bis aufs Äußerste zugespitzten Situation bedurft, einer affektvollen Peripetie, ohne welche kein höheres Bewußtseinsniveau erreicht wird.

Nirgends findet sich ein Anhaltspunkt dafür, daß Christus sich je über sich selbst gewundert hätte. Er scheint nicht mit sich selber konfrontiert zu sein. Von dieser Regel gibt es nur eine bedeutende Ausnahme, nämlich den verzweiflungsvollen Aufschrei am Kreuz: „Mein Gott, mein Gott, warum hast Du mich verlassen?" Hier erreicht sein menschliches Wesen Göttlichkeit, nämlich in dem Augenblick, wo der Gott den sterblichen Menschen erlebt und das erfährt, was er seinen treuen Knecht Hiob hat erdulden lassen. Hier wird die Antwort auf Hiob gegeben, und, wie ersichtlich, ist auch dieser supreme Augenblick ebenso göttlich wie menschlich, ebenso „eschatologisch" wie „psychologisch". Auch hier, wo man restlos den Menschen empfinden kann, ist der göttliche Mythus ebenso eindrucksvoll gegenwärtig. Und beides ist eines und dasselbe.

Jahwes Absicht, Mensch zu werden, die sich aus dem Zusammenstoß mit Hiob ergeben hat, erfüllt sich im Leben und Leiden Christi.

Quelle: *C.G. Jung,* Antwort auf Hiob [1]1952, in: *ders.,* Gesammelte Werke, Bd. XI: Zur Psychologie westlicher und östlicher Religionen (Olten 21973), S. 385–503, hier: S. 432–439 (Auszüge). © 1952, 1963 Walter Verlag AG, Solothurn.

Lesehinweis: *Raimar Keintzel,* C.G. Jung. Retter der Religion? Auseinandersetzung mit Werk und Wirkung (Mainz/Stuttgart 1991).

3. René Girard: „Hiob als Sündenbock"

Der französische Kulturanthropologe *René Girard* (*1923) hat in den letzten Jahrzehnten in zahlreichen Publikationen eine eigene Forschungsrichtung geprägt: die der Erforschung des Sündenbockphänomens. Zahllose Beispiele aus der Ethnologie, Soziologie, Literatur und Religionsgeschichte bestätigen immer wieder die universelle gesellschaftliche Notwendigkeit, sich in der Ausgrenzung eines Sündenbocks zu definieren und zu stabilisieren.

Im Jahre 1985 legte er nun auch eine eigene, sehr eigenwillig-originelle Studie zu Hiob vor, in der er zu belegen versucht, daß auch Hiob als ein solcher Sündenbock seines Volkes anzusehen sei. Hiob, der einstmals hochgeschätzte Führer seines Volkes, werde plötzlich von der ihn eben noch feiernden Gemeinschaft ausgegrenzt – und dies allein sei Grund und Anlaß seiner Klagen. Zumindest lege sich diese Lesart nahe, wenn man „erkennt", daß die Rahmenerzählung erst eine spätere, verfälschende, und daher abzulegende Ummantelung des eigentlichen Hiobtextes sei. Wie bei Jung löst sich das Hiobproblem auch für Girard erst durch und in Christus. Hiob habe nämlich den Sündenbockmechanismus durchbrochen, indem er sich weigerte, die ihm zugedachte Rolle zu spielen. Im Gegenteil, er appellierte völlig neu und unerwartet an einen „Gott der Opfer", der erst im Christusereignis seine wahre Profilierung finde. Einige zentrale Auszüge aus dem – ebenfalls eher assoziativ aufgebauten – Buch seien hier dokumentiert.

Was wissen wir über das Buch Hiob? Nicht viel. Unvergeßlich das nicht enden wollende Wehklagen des Helden. Er hat seine Söhne und alle seine Viehherden verloren. Er

kratzt seine Geschwüre. Er ächzt unter der Last der ihm
widerfahrenen unglückseligen Ereignisse, die im Prolog
gewissenhaft aufgeführt werden. Lauter Bosheiten, die
ihm Satan mit der Erlaubnis Gottes zugefügt hat.
Wir glauben zu verstehen, aber verstehen wir wirklich? Im
Verlauf der Dialoge erwähnt Hiob weder Satan noch
irgendeine seiner Untaten. Sind sie ihm im Geiste vielleicht derart präsent, daß er nicht eigens darauf anspielen
muß?
Zweifellos, aber Hiobs Anspielungen gelten etwas ganz
anderem, und er begnügt sich keineswegs mit bloßen
Anspielungen. Eindringlich weist er auf die Ursache seines
Unglücks hin; diese ist jedoch keineswegs identisch mit
jenen Gründen, von denen der Prolog spricht. Es ist keine
göttliche oder teuflische, auch keine materielle Ursache,
sondern eine menschliche, eine ausschließlich menschliche.
Seltsamerweise haben die Kommentatoren im Verlauf der
Zeit dieser Ursache überhaupt nie Rechnung getragen.
Zwar kenne ich sie nicht alle, aber diejenigen, die ich kenne, schweigen sich systematisch darüber aus. Es ist, als
sähen sie sie nicht. Kein Kommentator, ob aus der Frühzeit
oder der Moderne, ob atheistisch oder protestantisch, ob
katholisch oder jüdisch, stellt sich je die Frage nach Motiv
und Gegenstand von Hiobs Wehklagen. Für sie scheint
sich die Frage mit dem Prolog ein für allemal erledigt zu
haben. Jedermann hält sich gewissenhaft an die Geschwüre, an das verlorene Vieh usw.
Gleichwohl warnen die Exegeten ihre Leser seit langem
vor diesem Prolog. Diese Hintertreppengeschichte, so
sagen sie, sei nicht auf der Höhe der Dialoge. Sie sei nicht
ernst zu nehmen. Nur befolgen sie ihre eigenen Ratschläge leider nicht. Sie nehmen nichts von dem wahr, was in
den Dialogen ganz offenkundig dem Prolog widerspricht.

Das hier vorgelegte neue Verständnis liegt nicht etwa an einer dunklen Stelle des Buches Hiob verborgen. Im Gegenteil, es tritt klar zutage und ist in zahlreichen ausführlichen, durchaus eindeutigen Textstellen nachweisbar. Hiob sagt ganz klar, worunter er leidet: unter der Ächtung und Verfolgung seiner Mitmenschen. Er hat nichts Böses getan, und trotzdem wenden sich alle von ihm ab, fallen über ihn her. Er ist der Sündenbock seiner Gemeinschaft. Bis hin zum üblen Atem, den zu verbreiten ihm seine Frau vorwirft, gemahnt Hiob an den tragischen Bock, der in signifikanter Weise auch in zahlreichen primitiven Mythen vorkommt.

Diese Anspielung auf einen realen Bock soll nun aber nicht Anlaß zu Mißverständnissen geben. Wenn ich vom Sündenbock spreche, dann denke ich nicht an das Tier, das während der Opferung, etwa im berühmten Ritual des Levitikus, dargebracht wird. Ich verwende den Ausdruck in dem Sinn, wie wir ihn alle ohne konkreten Opferbezug auf politische, berufliche oder familiäre Situationen anwenden. Eine moderne Verwendung, die im Buch Hiob selbstverständlich nicht vorkommt. Das Phänomen jedoch kommt vor, allerdings in einer etwas grausameren Version. Der Sündenbock ist der Unschuldige, der den Haß der Allgemeinheit auf sich zieht. Und genau darüber beklagt sich Hiob.

Hiob ist das Opfer eines ganz massiven und jähen Stimmungsumschwungs, der sich innerhalb einer offensichtlich unstabilen, schwankenden und jeder Mäßigung abholden öffentlichen Meinung ereignet hat. Er scheint am Stimmungswechsel dieser Menge ebenso wenig schuld zu sein wie Jesus an einem durchaus analogen Stimmungswechsel zwischen Palmsonntag und Karfreitag.

Wir sind jenem Gott der Opfer, nach dem Hiob verlangt, noch nirgends begegnet. Die wahre Größe des Buches Hiob wie auch der Psalmen besteht darin, daß es in diesen Texten neben dem nicht verschwundenen Trachten nach Rache auch ein Verlangen nach dem Gott der Opfer gibt. Hiob setzt etwas in Gang, was unvollendet bleibt.

Hiob kündigt Christus in seiner Teilnahme am Kampf gegen den Gott der Verfolger an. Er kündigt Christus an, wenn er das gegen ihn inszenierte Opferphänomen enthüllt, wenn er das System der Vergeltung angreift und insbesondere wenn er ... der Logik von Heiligem und Gewalt entgeht.

Wir brauchen also einen anderen Text, etwas oder vielmehr jemanden, der uns zu Hilfe kommt: den Text der Passion, Christus; mit ihrer Hilfe können wir Hiob verstehen, weil Christus das vollendet, was Hiob nur halbwegs gelingt – paradoxerweise das eigene Scheitern auf der Ebene der Welt, diese Leidensgeschichte, deren Erzählung bald Einzug in die Evangelien halten wird.

Damit die wahre Tragweite der Dialoge in Erscheinung treten kann, gilt es sich gewissermaßen an die Empfehlungen der Evangelien zu halten: dem Opfer Beachtung schenken, ihm zu Hilfe eilen, seinen Aussagen Rechnung tragen. Nach dem Vorbild des Evangelientextes muß man Hiobs Klagen zum Ausgangspunkt jeglicher Interpretation machen, und sehr bald begreift man dann, weshalb Hiob so spricht, wie er spricht; man erkennt seine Rolle als Sündenbock, aber auch das zweifache Massenphänomen, den Mythos der himmlischen Heerscharen, die wahre Natur des sozialen und religiösen Mechanismus, der sich anschickt, ein weiteres Opfer zu verschlingen. Man entdeckt, daß sich alles mit äußerster Konsequenz aneinanderreiht und ordnet.

Die Lesart, die aus Hiobs Wehklagen den unzerstörbaren Fels der Interpretation macht, ist die einzig wahre, aber sie kann nur mit Hilfe der Evangelien entfaltet werden, das Opfer nur mit Hilfe des Geistes Christi verteidigt werden, er ist also wahrhaftig der Paraklet.

Quelle: *René Girard,* Hiob – ein Weg aus der Gewalt [1]1985 (Benziger Verlag, Düsseldorf und Solothurn 1990), S. 11–12/ 23/ 193/ 206/ 209 (Auszüge).

Lesehinweis: *Raymund Schwager,* Brauchen wir einen Sündenbock? Gewalt und Erlösung in den biblischen Texten (München 1978).

4. Eva Zeller: „Ein und derselbe Gott"

Die im Jahre 1923 geborene, heute bei Heidelberg lebende protestantische Lyrikerin und Erzählerin *Eva Zeller* ist eine der wichtigsten
Stimmen der gegenwärtigen religiösen Lyrik in Deutschland. Immer
wieder finden sich in ihrem Werk Anspielungen auf biblische Gestalten und Themen. Ihr Hiobgedicht wurde 1971 veröffentlicht und
zeichnet sich durch eine Übernahme der naturmagischen Bilder der
Gottesreden des Hiobbuches aus. Sie gestaltet dichterisch dessen
Absage an die Vorstellung einer Anthropozentrik der Schöpfung,
läßt aber auch sanfte Hinweise auf eine eigene christliche Hoff-
nungsbegründung einfließen.

Hiob

Als er nicht mehr wußte
an welchen
der Heiligen
er sich wenden
Wer
seine Verteidigung
übernehmen sollte
auf seinem Beschwerdeweg

er sich lieber die Zunge abbiß
als den Namen
dessen zu nennen
der ihn zum Sprichwort
unter den Leuten gemacht
und ihm eine Wunde
nach der andern geschlagen

bedachte er
wo er selber gewesen war

als die Erde gegründet
ihr die Richtschnur gezogen
das Band des Orion gebunden

dem Adler befohlen wurde
so hoch zu fliegen
und seinen Jungen
das Blut der Erschlagnen zu saufen

Wo er denn gewesen war
als dem Wind sein Gewicht
dem Licht seine Geschwindigkeit
dem Meer seine Fußtapfen gesetzt
dem Krokodil
seine Schuppen gesteckt
fest und eng ineinander
daß die Angst vor ihm herhüpft

da meinte er nicht mehr im Ernst
das Eichhorn müßte ihm dienen
und der Mond
müßte ihm Kußhände zuwerfen

er wurde vielmehr gewahr
daß der
der seine Seele betrübt
der ihm sein Recht verweigert
und ihn verändert
wie Lack unter dem Siegel

derselbe ist
dem nichts zu schwer wird
was er sich vorgenommen
dessen Unsichtbarkeit
ihn kaputt macht
den seine Hände betastet haben

der sich als letzter
über den Staub erheben
und ihn aus der Erde
aufwecken wird

Quelle: *Eva Zeller,* Sage und schreibe. Gedichte, Deutsche Verlags-
anstalt, Stuttgart 1971, S. 65–67.

5. Martin Gutl: „Hiob und seine Tröster"

Der österreichische katholische Pfarrer *Martin Gutl* (1942–1995) hat zahlreiche christliche Meditationen und lyrische Alltagstexte verfaßt, in denen er persönliche Eindrücke über die Höhepunkte des Kirchenjahres verarbeitet, religiöse Probleme reflektiert und Anleitung zu Einübungen in eine christliche Alltagsspiritualität vermitteln will. Sein wohl erfolgreichstes Buch ist der 1975 erschienene Gedichtband „Der tanzende Hiob", aus dem der folgende Text entnommen ist.

Hiob und seine Tröster

Die Bewahrten – der Bewährte,
die Sicheren – der Erschütterte,
die Wissenden – der Fragende,
die Zuschauer – der Betroffene,
die Tröster – der Untröstbare.

Hiob leidet,
Hiob klagt verzweifelt.
Seine Freunde sagen Sprüche auf.
Sie halten lange Reden
von der heilen Welt,
von der Ordnung und so weiter.
Sie wagen es nicht zuzugeben:
„Gott ist unverständlich!"

Dem Zuspruch
fehlt der Mut
zum Widerspruch.
Hiob bekehrt sich nicht
durch das Trostgespräch
der Frommen.

Er fordert Gott heraus
und stellt Ihm Fragen.
Gott fragt ihn auf seine Weise.
Hiob kennt Gott
nicht mehr vom Hörensagen.
Er hat das
Du selbst erfahren.
Die Begegnung hat ihn
umgewandelt.

Das hilft ihm,
trotz der Leiden
zu feiern und zu tanzen.
Er weiß: Gott nimmt ihn als Gegenüber ernst.

Quelle: *Martin Gutl,* Der tanzende Hiob (6. Auflage 1992, Neuausgabe, Verlag Styria, Graz–Wien–Köln), S. 106–107.

6. Drutmar Cremer: „Tränen aus Herzmitte"

Drutmar Cremer ist Prior der Benediktinerabtei Maria Laach. Er hat sich, wie Martin Gutl, einen Namen als katholischer Autor der alltäglichen religiösen Ereignisse gemacht. Er schreibt vor allem witzig-humorvolle Anekdoten und Gedichte. Im Jahre 1984 veröffentlichte er einen anspruchsvollen Lyrikband, in dem er Gedichte zu Bildern der Bibel von Marc Chagall präsentiert, die poetologisch deutlich am Vorbild von Nelly Sachs orientiert sind. In dem 1995 erschienenen Gedichtband „Im Morgenrot singst du das neue Lied" wird diese Tradition fortgesetzt. Hier abgedruckt ist Cremers Hiobgedicht von 1984 als drittes Beispiel christlicher Gegenwartslyrik zu unserem Thema.

Tränen aus Herzmitte

Lange
Ijob – ja lange
sahst du im
Wind von Süd
finstere Wolken
nur fernab

Denn
Sonnen
hatten oft und oft
ohne Wendekreis
ganz für dich ein
Lichtherz gesichelt im
Nachtgeblüt der Welt

Und du
fandest Asyl
Narzissen gleich

unverzaubert und heimlich
in der Rätsel tiefster
Brunnenstube

Aber
zur Stunde
der langhin geschauten
fielen Hammerschläge
qualvoll
unberechenbar
wie von Windmühlenkraft
wetterwendisch
zugeteilt

Wer kennt
das Warum?

Ijob
du auch mußtest
zweifeln –
unter Tränen
deine Herzmitte
ausweinen

Du auch trafst auf Scheidung
hart wie des
Kerubs
Flammenschwert am
Unkrautgeviert der Zeit

Du auch
sahst den Sehnsuchtsflug
deines Lebens
an ein Glücksrad gebunden
als sei Heimkehr ins Ziel
Zufall des Augenblicks

Erst als
Stille einbrach auf dem
Scheiterhaufen der Träume und
Wünsche

einfach hingebetet

ins Offene traten –
Leuchtzeichen dennoch
unter Nachtgezelt

da erst
war die Freiheit geboren

Flammenschwert wurde
Pflugschar

und das Fahnentuch
Hörensagen
trug die Botschaft:
Wirklichkeit

Quelle: *Drutmar Cremer,* Dein Atemzug holt Zeiten heim. Gedichte zu
Bildern der Bibel von Marc Chagall (Limburg 1984), S. 68–72.
© Lahn-Verlag, Limburg 1984.

7. Gustavo Gutiérrez: „Die Sprache der Leidenden"

Mit dem folgenden Textauszug sprengen wir eigentlich die Vorgaben dieser Anthologie, erhält doch hier ein Theologe die Möglichkeit, seine Gedanken über Hiob zu äußern. Seine eigene Bedeutsamkeit erhält dieser Beitrag jedoch dadurch, daß hier mit *Gustavo Gutiérrez* (*1928) erstmals ein, nein: *der* Befreiungstheologe aus lateinamerikanischer Perspektive ausführlich über Hiob nachdenkt. Wichtig wird ihm – ausgehend von Hiob – die Frage nach der Sprache des Leidenden. Wie kann, wie darf der Leidende von Gott sprechen? Hierzu einige kurze Textpassagen aus dem 1986 erstmals erschienenen und lesenswerten Hiobkommentar des Peruaners.

Wie *in Armut und Leid* von Gott sprechen? – das ist die Frage, vor die uns das Ijob-Buch führt. Ein gerechter Mensch, der bisher in Wohlstand und Glück gelebt hat, gleitet ab in Not und Krankheit. So lautet denn die Schlüsselfrage: Wie mag Ijob in solch einer Situation von Gott sprechen? Wird er nichts mehr von ihm wissen wollen? Beruhten seine Frömmigkeit und Gerechtigkeit vielleicht auf materiellem Wohlergehen? Wird er Gott fluchen, wenn er alles verliert? Es liegt auf der Hand, daß das Problem den Fall einer einzelnen Person übersteigt. Das Ganze ist eine weitreichende und radikale Frage: Wie läßt sich, wo ein *Unschuldiger zu leiden* hat, eine Sprache finden, in der man über Gott reden kann? Dieses ist, einschließlich all seiner Folgen hinsichtlich des Verständnisses von Gerechtigkeit und Ungeschuldetheit Gottes, das große Thema des Werkes. Die ganze Zeit wird Ijob in der Tat hartnäckig seine Unschuld bewahren: Wie also kann man von Gott und zu Gott sprechen, wenn es einem so elend geht wie Ijob?

Genau diese Frage stellen wir uns auch in unserem ent-
behrungs- und zugleich hoffnungsvollen Lateinamerika.
Die Masse der Armen leidet hierzulande an einer
unmenschlichen Lage, die sie nach allen Erklärungsver-
suchen nicht verdient hat. Es gibt überhaupt keine Rechtfertigung dafür, daß einem Menschen das Notwendigste
vorenthalten wird, um in Würde leben und seine elemen-
tarsten Rechte gewahrt sehen zu können. Der Schmerz
und die Zerstörung, die dies bei den Menschen hinterläßt,
gehen weit über das hinaus, was ein erster Kontakt mit der
Welt der Armut erahnen läßt. Was hat man unter diesen
Umständen konkret von dem Abba, Vater (wörtlich:
Papa), zu halten, zu dem uns der Geist aus unserem
Innern her rufen läßt (vgl. Gal 4,6)? Wie kann man Menschen, die ohne irgendeine Erklärung in einer Situation
leben, in welcher ihnen alles verwehrt ist, das Reich der
Liebe und der Gerechtigkeit verkündigen? Wie kann man
Überzeugung und Freude miteinander verbinden, wenn
man den Namen Gottes ausspricht?

Fortan muß deutlich sein, daß das Thema des Buches
nicht eigentlich das Leiden, dieses unauslotbare Geheimnis des Menschen, ist, sondern die Frage, wie man im Leiden von Gott sprechen könne. Was den Autor beschäftigt,
ist, wie eine absichtsfreie Gottesfurcht, ein Glaube ohne
Begründung möglich sei. Für ihn können sich nur ein
Glaube und ein Verhalten dieser Art an einen Gott wenden, der frei und ungeschuldet liebt. Ist so etwas aber überhaupt möglich? Der Dichter macht sich die Aufgabe mit
der Behandlung seines Themas nicht leicht; um sich mit
solch einer Eventualität auseinanderzusetzen, wählt er die
schwierigste Situation, in die ein Mensch geraten kann: die
des physischen und moralischen Schmerzes. In dieser
Lage sind einerseits die Versuchung des persönlichen
Interesses wie auch die Anwandlung, das Ganze in Katego-

rien von Lohn und Strafe zu messen, gewaltig. Wissen wir doch aus eigener Erfahrung, daß Schicksalsschläge, die uns treffen, uns niederdrücken und uns wie eine Achse vorkommen können, um die herum sich alle Menschen drehen müssen, ja, sogar Gott selbst, den wir uns damit wie ein Götzenbild zu Diensten machen. Wenn zur Situation des Leidens noch die Ungerechtigkeit hinzukommt, dann kann das andererseits dazu führen, daß man angesichts der Schwierigkeit, in einem unverdient heimgesuchten Leben an Gottes Liebe zu glauben, in Klagen ausbricht und von Anwesenheit und Existenz Gottes nichts mehr wissen will. In beiden Fällen wird Gott radikal in Frage gestellt.

Zwei große Veränderungen beobachten wir im Sprechen Ijobs, während er aus seinem persönlichen Leben heraus die Lehre vom Lohn unter Qualen von sich weist. Die erste besteht darin, daß Ijob – provoziert von seinen Freunden – aus seinem anfänglichen Eingeschlossensein herauskommt und begreift, daß es nicht um einen Fall von individuellem Leiden geht. Was infrage steht – geht ihm auf –, sind der Schmerz und die ungerechte Behandlung all der Armen sowie infolgedessen die Verpflichtung derer, die an Gott glauben, ihnen mit ihrer Hilfe und Solidarität nach Kräften entgegenzukommen. Die zweite Veränderung wird von den Reden Gottes angestoßen: Ijob erkennt, daß die Welt der Gerechtigkeit im weiten, fordernden und freien Horizont der Ungeschuldetheit der göttlichen Liebe ihren Ort hat.

So erweisen sich zwei Sprachformen als die besten Annäherungen, um über Gott zu reden: die prophetische und die betrachtende Sprache. Damit wollen wir jedoch ein zutiefst dichterisches und nuancenreiches Werk

keineswegs ungebührlich „rationalisieren". Die beiden
Sprachformen vereinen im Buch Ijob andere Weisen, über
Gott zu reden, in sich und kontrastieren mit ihnen, fallen
auseinander und überschneiden sich, drängen vorwärts
und fallen dann und wann auch zurück. Trotz dieser Kom-
plexität, die ja ein Ausdruck des enormen Reichtums dieser Schrift ist, lassen sich ein Prozeß und ein Reifen durch
das Buch hin beobachten. Die Reden kreisen also nicht,
wie gelegentlich gesagt worden ist, wiederholt um ein paar
Hauptfragen. Im Gegenteil: In den verschiedenen Diskus-
sionsrunden und im Auftreten der Personen sind Schritte
nach vorne wie auch erhebliche Veränderungen im Ton
auszumachen. Auf diese Weise versucht der Dichter, eine
Antwort auf die Frage nach dem Glauben und nach der
menschlichen Existenz zu finden.

Uns liegt also daran, dieses allmähliche Reifen im Laufe
des Buches zu betonen, obwohl wir nicht verkennen, daß
die Eingangsfrage nach der Rede von Gott in gewisser Weise offen bleibt; sie ist auch einfach zu schwierig, als daß es
anders sein könnte. „Meine Gedanken sind nicht eure
Gedanken, und eure Wege sind nicht meine Wege", sagt
der Herr (Jes 55,8). Man muß ständig auf Überraschungen
gefaßt sein.

Gesagt werden muß überdies, daß die Frage Antworten
auch auf anderen Ebenen verlangt; denn zugegebener-
maßen spielt sich nicht alles nur auf der Ebene der Sprache ab. Die Rede über Gott setzt nämlich auch eine leben-
dige Begegnung mit ihm unter den je vorfindlichen
geschichtlichen Bedingungen voraus, ja, sie führt gleichzeitig auch dazu. So gilt es also, die Züge Christi in den bis-
weilen entstellten Gesichtern der Armen dieser Erde zu
entdecken. Aber das geht nicht ohne konkrete Gesten der
Solidarität mit dem Bruder und der Schwester, die an
Elend, Verlassenheit und Ausbeutung zu leiden haben.

Quelle: *Gustavo Gutiérrez*, Von Gott sprechen in Unrecht und Leid – Ijob ¹1986 (München/Mainz 1988), S. 38–39/ 44–45.

Lesehinweis: *Robert McAfee Brown*, Gustavo Gutiérrez. An Introduction to Liberation Theology (New York 1990).

V. Hiob – aktuell auch ohne Gott?

All die bisherigen Textzeugnisse übernahmen die Vorgabe
des biblischen Buches, mit oder gegen Gott zu ringen
angesichts des Leidens in der Welt. Was aber geschieht mit
der Fragestellung, wenn man – zweifellos mit vielen unserer Zeitgenossen – genau diese Prämisse nicht teilt? Was
wird mit der Hiobfrage, wenn man davon ausgeht, es gebe
keinen Gott? Muß nicht der protestierende Schrei Hiobs
in sich zusammenfallen, wenn er nicht mehr an ein Gegenüber gerichtet ist?
Bleibt hier nur der um sich selbst kreisende Rückzug ins
eigene Ich, wie wir ihn ansatzweise bei Yvan Goll kennen-
gelernt haben? Oder ein satirisch-ironisches Spiel mit nihi-
listischem Protest, wie es etwa durchaus scharfsinnig-witzig
der polnische Philosoph *Leszek Kolakowski* in seiner 1964
erstveröffentlichten „erbaulichen Geschichte" „Hiob oder
die Widersprüche der Tugend"[34] vorgelegt hat? Oder wirft
der perspektivische Wechsel von der Theodizee (der
Rechtfertigung Gottes) zur Anthropodizee (der Rechtfertigung des Menschen) angesichts des übergroßen Leidens
in der Welt vor allem die Frage auf, was in des Menschen
ureigener Kraft liegt, um die Verhältnisse zu verändern?
Also anstelle der theoretischen Erörterung von Schuld

---

[34] Vgl. *Leszek Kolakowski*, „Hiob – oder die Widersprüche der Tugend",
in: *ders.*, Der Himmelsschlüssel. Erbauliche Geschichten [1]1964
(München/Zürich 1985), S. 52–62.

und Gerechtigkeit die praktische Überlegung, was immer möglich ist, zu verbessern und zu lindern.[35] Die ausgewählten Textzeugnisse dieser letzten Abteilung versuchen genau diese Frage zu stellen, interessanterweise aber gerade im Namen Hiobs. Was aber bleibt vom biblischen Hiob im Horizont dieser Fragestellung?

---

[35] Daß diese Alternative nicht zwangsläufig vorgegeben ist, sondern in Form einer ethisch ausgerichteten „praktisch-authentischen Theodizee" aufgelöst werden kann, zeigt überzeugend: *Regina Ammicht-Quinn,* Von Lissabon bis Auschwitz. Zum Paradigmawechsel in der Theodizeefrage (Freiburg 1992).

1. Rudolf Leonhard: „Furunkulose"

Im Jahre 1939 wird der als kommunistischer Aktivist bekannte deutsche Schriftsteller *Rudolf Leonhard* (1889–1953) – seit einigen Jahren in Frankreich lebend – als Widerstandskämpfer verhaftet und in das Internierungslager La Vernet gebracht. Ein Jahr später entsteht dort jenes Hiobgedicht – 1947 in den Gedichtband „Deutsche Gedichte" aufgenommen –, das hier abgedruckt ist. Ein Beispiel für den Protest gegen das Leiden im Namen des „Bruders" Hiob. Doch dieses Leiden ist noch schlimmer als das Hiobs, denn hier fehlt die göttliche Dimension als Trost und Sinnperspektive...

Furunkulose

Wenn die Geschwüre noch größer wären
und wären fürchterlich,
Hiob hatte mehr Schwären
als ich.

Hiob litt ganz entsetzlich.
Er duldete gern:
war doch sein Leiden ergötzlich
seinem Herrn.

Je mehr der Unrat wuchs,
Hiob wurde nur reiner;
Hiob ertrug's,
der Herr war sein Herr, war seiner.

Ich schrei gegen Leiden, Hiob, mein Bruder.
Es wuchs ein Abgrund zwischen uns beiden.
Ich kämpfe mit Schrein, mit Salben und Puder.
Ich hab keinen Herrn. Mir taugt kein Leiden.

Quelle: *Rudolf Leonhard*, „Furunkulose" [1]1940, in: *ders.*, Ausgewählte Werke in Einzelausgaben, Bd. I: La Vernet. Gedichte (Berlin 1961), S. 191.

Lesehinweis: *Bernd Jentzsch*, Rudolf Leonhard „Gedichteträumer". Ein biographischer Essay, Dokumente und Bibliographie (München/ Wien 1984).

2. Johannes R. Becher:
„Leiden – müßte nicht so sein"

Nach dem Zweiten Weltkrieg etablierte sich der gebürtige Münchner Johannes R. Becher (1891–1958) – vormals eine der Zentralgestalten des deutschen Expressionismus – als einer der Hauptvertreter des sozialistischen Realismus in der deutschen Literatur, stieg zum Kultusminister der DDR auf, gab die einflußreiche Literaturzeitschrift „Sinn und Form" heraus und widmete sich vor allem politisch-sozialistischer Zweckdichtung. Durchgängig läßt sich in seinem literarischen Schaffen jedoch auch ein Interesse für das Ringen um die Beziehung von Mensch und – einen als Projektion durchschauten – Gott feststellen. So hatte es schon in Bechers Frühlyrik verschiedene Anspielungen auf Hiob gegeben. Erst im Spätwerk aber findet sich das wohl im Jahre 1949 entstandene folgende Gedicht: Hiob als Vorläufer des modernen Menschen im Leid, dessen Schlußerkenntnis freilich die ist, daß alles Leiden allein Menschenwerk ist und folglich nicht so sein muß, sondern zum Besseren verändert werden kann.

Hiob

Er bittet nicht, daß Gott sein Leiden wende,
Mitleiden ist es und ist Vorerleiden,
Und aller Leiden leidet er zu Ende.
In seiner Brust und in den Eigeweiden

Liegt bloß die Welt in ihrem Leidensgrund.
O Leidensabgrund, der wird offenbaren
Den Menschen sich nach aber tausend Jahren,
Vorhergesagt aus seinem, Hiobs, Mund.

Und dennoch hat er mit dem Leid gestritten,
Als wäre in dem Leid ein Widersinn,
Den er hat seiner Zeit vorausgelitten ...
Als er sich leidend fragte einst: „Worin

Besteht das Leid, womit uns Gott geschlagen?",
Erkannte er – o unsagbare Pein –:
Das Unerträgliche, das wir ertragen,
Ist Menschenwerk und müßte nicht so sein.

Quelle: *Johannes R. Becher,* „Hiob", in: *ders.,* Gesammelte Werke, Bd. VI: Gedichte 1949–1958 (Berlin/Weimar 1973), S. 43.

Lesehinweis: *Horst Haase,* Johannes R. Becher. Leben und Werk (Berlin 1981).

3. Archibald MacLeish: „Vergibt man Gott denn?"

Das ohne Zweifel beste und erfolgreichste der mehr als sechzig veröffentlichten Hiob-Dramen in diesem Jahrhundert stammt vom
Amerikaner Archibald MacLeish (1892–1982). Es wurde mit dem
begehrten Pulitzer-Preis ausgezeichnet. Sein 1956 erstmals gespieltes
„J.B." – auf deutsch erschienen als „Spiel um Job" – verfremdet die -
biblische Vorlage durch einige geschickte dramaturgische Kunst-
griffe. In einem Zirkuszelt beschließen zwei alte Schauspieler – Herr
Zoisl und Haftiger – ein Hiobspiel zu inszenieren, wobei ihnen die
Rollen als Satan und Gott zukommen. Als sie ihre riesigen Masken
aufgenommen und ihre Kommentatorenplätze hoch über der Bühne eingenommen haben, stellt sich die Frage, wer denn nun den
Hiob spiele. – „Ach, einer ist immer da, der Hiob macht."
Tatsächlich entwickelt sich auf der Bühne ein für unsere Zeit adap-
tiertes Hiobspiel, immer wieder unterbrochen und kommentiert
durch die beiden Alten. Die erste hier dokumentierte Szene
beschreibt die Begegnung des modernen Job mit seinen zeitgenössischen Tröstern. Doch wie seltsam – die Rollen haben sich umge-
dreht. Wo der biblische Hiob seine Unschuld beteuert und die
Freunde ihm eine mögliche Schuld einzureden versuchen, haben
die modernen Tröster nichts anderes vor, als ihren Job von seiner
Unschuld zu überzeugen – wer denn glaube heute noch an Schuld?
Und Job sucht leidenschaftlich nach einem von ihm verantworteten
Vergehen, um sein Gottesbild zu retten. Schließlich hilft auch hier
nur der direkte Appell an Gott. Doch wie reagiert Job auf die Gottesreden (zweiter Textauszug hier) – indem *er* Gott vergibt! Schluß des
Dramas und hier wiedergegebene dritte Szene: Nein, Gott hilft diesem modernen Leidenden nicht: Er mag existieren, aber er liebt
nicht. Das allein aber könnte Job helfen. Diese Liebe muß folglich er,
der Mensch, allein geben – nur so ist Weiterleben im Leid und Rettung vor Verzweiflung möglich. Einige Hinweise zur Deutung dieses
Dramas finden sich im Schlußteil dieses Buches.

I. Dunkelheit

JOBs *Stimme:*
WÄR ICH IM MUTTERLEIB VERSCHIEDEN UND NIE
GEWESEN ...

Ein Licht ohne Quelle geht langsam auf, ähnlich dem Licht am Abend, das alles vergrößert. Die Zeltwände lösen sich in der Weite auf, der Zelthimmel ist grundlos. Der Steg ist so weit zur Seite geschoben, daß nur die Leiter noch sichtbar ist. Die Frauen und das Kind sind zusammengekrochen wie schlafende Gestalten in einer endlosen Steppe. Job ist allein in der ungeheuren Öde. Aus der scheinbaren Weite kommen die Drei Tröster angeschlurft. Zophar, ein dicker rotgesichtiger Mann, trägt die Reste eines Priesterkragens; Eliphas, hager und dunkel, trägt einen Ärztekittel, der ursprünglich weiß war; Bildad ist ein gedrungener, vierschrötiger Mann in einem abgetragenen Lumberjack.

Ein langes Schweigen.

Weshalb kommt ihr?

BILDAD *ein rohes Lachen*
Zum Trost, Menschmeier.
Haste nich' geschellt?

ZOPHAR *ein sattes Lachen*
So ist's, zum Trost!

ELIPHAS *ein dünnes Lachen*
Zu allem Troste, der zu finden ist.

BILDAD
Alle Sorten.

ELIPHAS
Alle Tröstungen

ZOPHAR
Du riefst uns und wir kamen.

JOB
                       Ich rief
Gott.

BILDAD
      Na eben!

ELIPHAS
                    Na eben: drum!

ZOPHAR
Warum sollte Gott dir Rede stehn,
aus den Blauen Tiefen Seiner Ewigkeit?

ELIPHAS
Blinden Tiefen Seiner Unterschwelligkeit?

BILDAD
Blanken Tiefen Seiner Notwendigkeit?

ZOPHAR
Gott ist hoch droben im Mysterium.

ELIPHAS
Gott ist tief drunten im Triebleben.

BILDAD
Gott ist weit drüberraus in der Geschichte –
Warum sollte Gott für dich Zeit haben?

JOB
Die Hand Gottes hat mich angerührt. Seht her!
Jede Hoffnung, die ich je gehegt,
Jede Aufgabe, die ich mir je stellte,
Jede Arbeit, die ich je bewältigte,
Getilgt, als hätte ich sie nie getan.

Meine Spur gelöscht im Land,
Meine Kinder tot, meines Vaters Namen
Ausgewischt im Sonnenlicht allenthalben ...
Liebe verließ mich auch.

BILDAD *lacht schallend*
                    Liebe!
Was ist ihm Liebe? Eines Menschen Elend!

JOB *kaum wagend*
                    Wenn ich aber schuldlos bin ...?

BILDAD *schnaubend mit höhnischem Gelächter*
Schuldlos! Schuldlos! Völker
Werden untergehn in ihrer Unschuld.
Klassen in ihrer Unschuld,
Junge Männer in erschlagnen Städten,
Die ihre dummen Hälse den Panzern
Hinhalten voll Unschuld, gehen unter.
Was ist deine Unschuld gegen ihre?
Gott ist Geschichte, verstößt du gegen sie
Wird die Geschichte dich nicht abtun?
Geschichte hat keine Zeit für Unschuld.

JOB
Gott ist gerecht. Wir werden nicht
Nackt durch ein lächerliches Öhr gequält
Wie Bullen in die flammende Arena traben –
Geblufft von blinden Satzungen, die wir
Nie lernen oder einsehn können, geprellt
Von Winkelzügen, gefoppt von Finten,
Als Sport, für nichts, bis wir hinfallen,
So arg durchstochen.

BILDAD *ganz Demagoge*
      Laß dich begraben
  Mit deiner Gerechtigkeit. Die Geschichte
  Ist ja Gerechtigkeit – ist Zeit, die sich
  Unerbittlich zur Wahrheit klärt.
  Nicht für den Einzelnen, sondern die Menschheit.
  Ein Menschenleben mißt sie nicht aus.
  Ein Menschenleiden, egal wie groß,
  Zählt dagegen nicht – zählt nur das Leiden aller!
  Auf die Dauer gibt es Gerechtigkeit!
  Gerechtigkeit für alle und für jeden!

abklingend

  Unterwegs dahin kommt's nicht drauf an.

JOB
  Auf die Schuld kommt's an. Wird's immer ankommen.
  Wenn Schuld nicht zählt, ist alle Welt
  Sinnlos. Und Gott ein Nichts.

BILDAD *verliert das Interesse*
  Vor der Geschichte magst du
  Keinen Daumenabdruck auf dem Gewissen haben.
  Schuld ist ein soziologischer Zufall:
  Verkehrte Klasse, verkehrtes Zeitalter.
  Man zahlt den Zufall ab mit Prügeln,
  Das ist alles.

Eliphas ist unterdes zappelig geworden.
Jetzt greift er mit erhobenem Zeigefinger
wie ein Professor im Seminar ein.

ELIPHAS
　　　　　Erlaube mal, Schuld ist
Ein psychophänomenaler Zustand –
Ein Wahn, ein Leiden, eine Krankheit,
Das Gefühl dreckiger Hände,
Der Kotgeruch unter den Fingernägeln ...

ZOPHAR *entrüstet und erhitzt mit zurückgeworfenem Kopf*
Schuld ist ein Wahn? Schuld ist Wirklichkeit! –
Die einzige Wirklichkeit, die's gibt!
Die ganze Menschheit ist schuldig immerdar!
Schuldig sein wie die Sünde, und doch

BILDAD *höhnisch*
Der Sündenfall fällte uns all!

*Jobs Stimme durchbricht das Gezänk mit einem
Nachhall seiner früheren Autorität.*

JOB
　　Ja, ihr seid die Leute und mit euch
　　Wird die Wahrheit sterben! Ich bin
Verwaist, in Not, verzweifelt und ihr höhnt mich!
Es war einmal, da hatten Menschen Mitleid
Wenn sie einander trafen in der Nacht: –
Elend ging einher neben Elend –
Als Bruder, in dessen Bruderschuld
Die Schuld begriffen und erkannt ward.
Uns kam das Mitleid abhanden.

ELIPHAS
　　　　　　　　　　　Nein.
Wir haben die Schuld überwunden. Das ist
Ganz was andres. Das siehst du doch wohl ein?
Die Wissenschaft weiß heute, daß das Seelenwesen
Gleich dem verkapselten Nautilus, flott ist

Auf einem Meer, das es umhertreibt,
Unter der Abtrift des Himmels:
Drunter das Meer des Vorbewußten,
Drüber die Winde, die die Welt aufwinden,
Hangend zwischen Wind und Wasser hat
Das Ich keinen Willen, kann nicht schuldig sein.
Das Meer treibt nur. Der Himmel treibt.
Die winzige helle Seelenblase
Wird überspült von Wind und Welle, oder
Schüttert zerschmettert zwischen ihnen.

ZOPHAR
                              Blasphemie!

BILDAD
    Mist!

ELIPHAS *unbeirrt*
              Es gibt keine Schuld, mein Guter. Wir sind
Alle die Beute unsrer Schuld – nicht schuldig.
Unwissend morden wir den König: die Stimme
Offenbart's: wir reißen unsre Augen aus.
In unserem Anfang, der geheimen Kammer,
Schänden wir die Mutter.
Jeder von uns ein ekles Monstrum, das
Der kalte Mond zum Kinde keimt –
Sind wir schuldig? Unsre Schuld
Liegt in Sybillenhand.
Ist nicht bekannt.

JOB *heftig*
                    Lieber leid ich
Das unsagbarste Leid, das Gott mir schickt
Und weiß, daß ich es bin, der leidet,
Daß ich bedürftig bin des Leidens,
Daß ich gehandelt und gewählt hab –

Als daß ich mit dir meine Hände wüsche in dieser
Entehrenden Unschuld. Sind wir noch Menschen
Wenn wir eine unverantwortliche
Unwissenheit für alles haftbar machen?
Ich höre nicht auf dich.

Job zieht seine Lumpen über den Kopf

ELIPHAS *achselzuckend*
Das wirst du noch. Das wirst du.

ZOPHAR
Ah, mein Sohn, wie wohl war das gesprochen!
Wie wohl gesprochen! Was ist der Mensch
Ohne die Schuld? Ein Tier, nicht wahr?
Ein Wolf, verzeihlich über seinem Fraß,
Ein Käfer: unschuldig in der Begattung.
Was hebt uns 'raus übers Getriebe
Von Blut und Samen, gebiert uns die Seele ein,
Bringt uns zu Gott: – die Schuld. Der Löwe
Stirbt am Tod. Wir an unsrem Leiden.
Der Löwe schwindet hin, doch unsere Seele nimmt
Äonen der Sühne auf sich. Hätten wir
Nicht unsre Schuld, schwänden auch wir dahin,
Haufen verderblichen Gebeins, gehüllt
In haarlose Haut und faulend.
Selig der Mensch, den Gott gezüchtigt!
Er kostet seine Schuld. Hoffnung hebt an,
Er ist im Bund mit Steinen: in Gewißheit.

*Job zieht die Lumpen vom Kopf und wendet sich mühsam der
Stimme zu.*

JOB
Lehr mich und ich bezähme meine Zunge.
Zeig mir meine Missetat.

ZOPHAR *sanft*
> Nein.
Nein, mein Sohn. Zeig du sie mir.

Er beugt sich vor und spricht mit leiser Stimme.

Erforsch dein tiefstes Herz. Befrag es!
Schuld ist ein trügerisches Rätsel,
Die Leistung vieler Jahre oft. Ein Werk
Das in der Kindheit keimte, viel später
In unabsehbarer Gestalt zur Welt gebracht.
Mit zwölf: Betasten eines älteren Bruders;
Mit siebzehn: vielleicht das Dienstmädchen,
Im Lampenlicht gesehn durch Zufall ...

Job drängend, die Worte aus ihm hervorbrechend

> Meine
Sünde! Zeig mir meine Sünde!
Meine Schlechtigkeit! Eine Verruchtheit,
Die ein Gericht erfuhr wie Meine, kann doch
Nicht geheim sein. Die Meine ist keine
Kindliche Verirrung. Keine Schmuddligkeit
Versteckt im Badezimmer,
Keine Sünde der wollüstigen Tugend,
Die sich stumm von den Lippen leckt
Hernach, wie Zucker. Meine ist schreiend,
Des Todes würdig, vieler Tode,
Der Schande, des Verlustes, und des Schmerzes:
Einer Erniedrigung, wie dieser hier!
Sprich von der Sünde, die ich begangen
Haben muß, um so zu leiden, wie du's siehst.

ZOPHAR
>   Müssen wir unsrer Sünde Namen geben,
>   Um zu wissen, daß uns Vergebung not tut?
>   Geh in dich, mein Sohn, geh in dich!

JOB *mit tödlichem Ernst*
>   Hier sitze ich
>   So wie ich bin. In meiner Seele
>   Leide ich das, was du errätst.
>   Sage mir die Verruchtheit, die es
>   Rechtfertigt. Soll ich Sünden bereun,
>   Die ich nicht sündigte, um zu begreifen?
>   Bis daß mein Ende kommt
>   weich ich nicht ab von Lauterkeit!

ZOPHAR *ein sattes Lachen*
>   Seine Lauterkeit! Seine Lauterkeit!
>   Was für Lauterkeit hast du –

Er sitzt und starrt seine Hände an, dann wiederholt er die Wendung:

ZOPHAR
>   Kein Sündenfall
>   Kein Sinn im All ...
>   Wir sehn zumal
>   Der Sterne Drall: –
>   Ein Mensch, ein jämmerlicher, sterblicher,
>   Käuflicher Mensch wie jeder andre?
>   Dahocken und das All herausfordern,
>   Dir zu sagen, wie dein Verbrechen heißt!
>   Meinst du, nur weil dein Wandel rechtschaffen war,
>   Kann man's nicht nennen? Man kanns. Deine Sünde
>   Ist einfach: Du bist als Mensch geboren.

JOB
Was ist mein Vergehn? Was habe ich getan?

ZOPHAR *wetternd*
Was ist dein Vergehn? Schlecht ist das Menschenherz!
Was hast du getan? Schlecht ist des Menschen Wille!
Dein Frevel, deine Sünde heißen: Herz und Wille:
Der Wurm im Herzen, der eigne Wille,
Verderbt in seinem widerlichen Wahn.

Job kauert sich tiefer in seine Lumpen. Schweigen.

JOB
Deiner ist von allen der grausamste Trost.
Du machst den Schöpfer des Weltalls
Zum Fehlschöpfer der Menschheit,
Zum Mittäter der Missetaten, die er straft ...
Machst meine Sünde ...
                        ein Grauen ...
                                eine Mißgeburt ...

ZOPHAR *verfällt in seine natürliche Stimme*
Wenn's anders stünde, könnten wir's nicht ertragen.
Ohne den Frevel, ohne Sündenfall,
Sind wir irrsinnig, ist kein Sinn im All ...

BILDAD
        Halbtote Fliegen
        Krauchend und fahl
Über den Wall
Der Nacht ...

ELIPHAS
        Wir schrein ...
Nur Rauch und Schall.

ZOPHAR
Kein Sündenfall ...

Ein langes Schweigen. Aus der Stille schließlich kaum hörbar die Stimme Jobs.

JOB
GOTT, MEIN GOTT, ANTWORTE MIR!

Schweigen

II.

ZOISL
Gewonnen!
Planeten, Plejaden und Adler –
Kreischende Rosse – Splitter aus Licht –
Das Wunder und Geheimnis des Weltalls –
Die unvorstellbare Gewalt der Dinge –
Unabsehbares Wissen irgendwo in den Wassern,
Die ihre Wege ziehn – die unerforschte
Kraft, die auf dem Herd der Sterne brennt –
Schönheit weit über das, was Finger fassen,
Wunder weit über den gewundenen Verstand –
Die ganze Schöpfung! Und Gott zeigt sie ihm!
Gott stand gebückt dort, um sie ihm zu zeigen!
Lichter Orion! Letzte Meermuschel! ...
Und was tut Hiob?

Herr Zoisl hat sich in eine theatralische Wut gesteigert, die Haftigers gleichkommt.

Hiob ... sitzt ... da!

Schweigen

Sitzt da!

Schweigen

Stumm!

Bis es vorbei ist.

Dann ... Du hast es gehört!

Herr Zoisl erstickt fast

... besänftigt er mich!
Spricht mir gut zu, wie ein Stallknecht
Einem strotzenden, stampfenden Stier zuspricht!
Vergab mir! ...
die Welt ...
Alles!

HAFTIGER *der in dem Schatten unterhalb des Stegs*
herumstöbert

Unsinn! Er geht doch in sich, oder –
Der rechte und rechtschaffne Mann?
Geht in sich!

ZOISL

Das ist es ja!
Er geht in sich. Er war es –
Nicht die Furcht Gottes, sondern er!

HAFTIGER

Furcht? Natürlich fürchtet er.
Warum auch nicht? – Gott mit all
Seinen Sternen und Stieren!
Und Hiob mit kleinen Kinderknochen!

ZOISL *sich weiter ereifernd*

... Als wäre Hiobs Leiden gerechtfertigt
Nicht durch den Willen Gottes, sondern durch Hiobs
Fügung unter den Willen Gottes ...

HAFTIGER
                    Na und!
        Was schwebte dir denn vor? Ein Hallelujah?

ZOISL *hört nicht hin*
        ... Trotz allem, was ihm widerfuhr!
        Trotz allem, was er geliebt und verloren
        Verstand er und vergab! ...

HAFTIGER *mit einem geringschätzigen Schnauben; er richtet
sich auf und sieht Herrn Zoisl auf seiner Plattform ins Gesicht.*

        Welcher Sieg bliebe Gott außerdem?
        Man hat ja nur die Wahl: den Spülicht
        Dieser Welt hinabzuwürgen, oder
        Ihn in den Trog zu brechen. Hiob
        Hat ihn geschluckt. Das ist dein Trumpf!
        Daß er es schluckte!

ZOISL
                    ... Er hatte
        Nur von Gott gehört, nun schaut er ihn!
        Wer ist der Richter, der hier richtet?
        Wer macht den Helden? Gott oder er?
        V e r g i b t man Gott denn?

III.

JOB
        Fluche Gott und stirb, sagtest du zu mir.

SARAH
        Ja.

Sie blickt zum ersten Male zu ihm auf und dann weg.

Du wolltest Gerechtigkeit, nicht wahr?
Nun, es gibt keine. Gibt nur die Welt ...

Sie fängt auf der Türschwelle sitzend an, den kleinen Ast in den
Armen zu wiegen.

Rufe nach Recht, und die Sterne
Stieren herab, bis deine Augen brennen.
Weine – ungeheure Winde
Dreschen aufs Wasser. Rufe im Schlaf
Nach deinen verlorenen Kindern,
Und Schnee fällt ...
                  Schnee fällt ...

JOB
Warum hast du mich allein gelassen?

SARAH
Ich liebte dich. Ich konnte
Dir nicht mehr weiter helfen. Du
Wolltest Gerechtigkeit und die gibt's nicht.
Bloß Liebe.

JOB
             Er liebt nicht. Er
Ist.

SARAH
Aber wir tun's. Das ist das Wunder.

Quelle: *Archibald MacLeish,* Spiel um Job [1]1956–1958 (Frankfurt
1977), S. 131/ 136–145/ 156–158/ 170–171. Mit freundlicher
Genehmigung der Michael Meller Literary Agency, München.

Lesehinweis: *Scott Donaldson,* Archibald MacLeish. An American Life
(Boston/New York/London 1992).

4. Ernst Bloch: „Hiobs Auszug aus Jahwe"

Die Hiobinterpretation des Philosophen *Ernst Bloch* (1885–1977) zeichnet sich durch provokative Schärfe aus. Schließlich will er mit seiner 1968 erschienenen Studie „Atheismus im Christentum" nichts weniger, als die Geschichte der menschlichen Rebellion gegen Gott, gegen die theokratische Gottesidee, bereits in der Bibel selbst aufzuzeigen. Dazu entwickelt er eine eigene „detektorische Bibelkritik", die es ihm gestattet, einen Subtext freizulegen, der vom „Exodus", von der angezielten Befreiungsgeschichte des Menschen von Gott berichtet.

Zum zentralen Zeugen seiner – theologisch natürlich heftigst umstrittenen – Grundthese wird ihm dabei Hiob. Hiobs Protest gegen Gott markiere einen geistesgeschichtlichen Meilenstein der menschlichen Emanzipation gegenüber der Gottesidee, der durch Hiobs Einlenken am Schluß – nach Bloch eine redaktionelle Vergewaltigung der eigentlichen Aussage – nicht überdeckt werden könne. Freilich: Gemäß Blochs Programm eines „Transzendierens ohne Transzendenz" wird Hiobs Protest „ohne Gott" nicht überflüssig, sondern bleibt gerade als Grundhaltung des über sich selbst hinausgreifenden Menschen wichtig.

Die entscheidenden Gedanken zu Hiob finden sich bei Bloch bereits in seiner epochalen, in den vierziger Jahren konzipierten Grundschrift „Prinzip Hoffnung". Hier nun einige Textpassagen aus der Schlußfassung von 1968: „Atheismus im Christentum".

GRENZE DER GEDULD, HIOB ODER EXODUS
NICHT IN, SONDERN AUS DER
JACHWEVORSTELLUNG SELBER,
SCHÄRFE DES MESSIANISMUS

A. Hiob kündigt auf
Ein guter Mann, der redlich handelt, traut anderen gern.
Doch wird er scharf betrogen, dann gehen die Augen
plötzlich und sehr weit auf. Hiob fühlt sich in dieser Lage,
er bezweifelt, ja verneint Gott als einen Gerechten. Der
Schlechte blüht, der Fromme kann verdorren, dies sieht
Hiob an sich selber. Er leidet unsagbar und klagt Jachwe
an, das ist: er sucht die Schuld seines Unglücks nicht mehr,
nicht mehr nur in eigener Schwäche oder Schuld. Er
träumt außer, über sich ein anderes Leben, ein besseres
Schalten und Walten als das sichtbare, er versteht die elen-
de Welt nicht mehr. Hiobs Frage ist die seitdem nicht mehr
verstummte: wo bleibt da Gott? Das Leiden machte hier
vielleicht weniger edel, doch es machte aufrecht und fragend.

Ein Novum der Form ist der Dialog, obwohl er unmittelbar
aus dem jüdischen Leben gegriffen ist, aus dem religiösen
Diskurs. Der Dialog schreitet nicht in Einwänden fort, als
gemeinsam suchende Unterredung, wie bei Platon; er
besteht vielmehr aus Angriff und Verteidigung, mit immer
härter herausgearbeiteten Gegensätzen. Die Verteidigung
ist die Jachwes, denn seine Gerechtigkeit ist in Verteidigung gedrängt, in stärkster Form. „Warum leben denn die
Ruchlosen, werden alt und nehmen zu mit Gütern?"
(21,7). Und warum hungern die Armen? Sie hungern
nicht deshalb, weil sie gottlos wären, sondern weil die Reichen sie schinden und pressen, und Gott sieht zu. „Sie
zwingen sie Öl zu mahlen auf ihren eigenen Mühlen und

ihre eigene Kelter zu treten und lassen sie doch Durst leiden. Sie machen die Leute in der Stadt seufzend und die
Seele der Erschlagenen schreiend, und Gott stürzt sie
nicht" (24,11f.). Die (gleichsam) anti-kapitalistische Predigt selber war schon vor Hiob, bei den Propheten, aber
nicht die Anklage gegen Gottes Nichtwiderstehen dem
Übel: so beginnt von hier ab die fatale Notwendigkeit der
Theodizee. Mitbedeutet von den griechischen Tragikern,
doch im Buch Hiob vor allem beginnt die ungeheure
Umkehrung der Werte, die Entdeckung des utopischen
Könnens innerhalb religiöser Sphäre: ein Mensch kann
besser sein, sich besser verhalten als sein Gott. Hiob ist
nicht nur aus dem Kult, auch aus der Gemeinde ausgetreten, lauter Angriff ist da.

B. Dulder oder hebräischer Prometheus?
auch bei Wegfall Jachwes sind Hiobs Fragen nicht erledigt
Hiobs Empörung freilich würde auch gegen solche, von
seinen drei Freunden verschiedene Theodizee aus Gott-
ferne sich nicht legen, desto weniger, als er eben selber
Jachwe als disparaten Naturdämon sieht. Für das Elend in
der Welt ist auch ein Alibi Jachwes keine Ausrede und kein
Ersatz für Verantwortung; wirkliche Allmacht und Güte
würden auch nicht gleichgültig werden und ermüden.
Nicht dem Sünder gegenüber, erst recht nicht, wie Hiobs
Realismus unaufhörlich feststellt, dem Gerechten gegenüber. Jede Theodizee ist seitdem, an Hiobs harten Fragen
gemessen, eine Unredlichkeit. Das Buch Hiob hat die
Advokaten der Allmacht und der Allgüte in Gang
gebracht, es hat zugleich alle ihre Harmonisierungen a
limine verhindert. Für Menschen, die aus der Vorstellung
vom Schöpfergott oder auch Rechtsgott Jachwe so gründ-
lich ausgetreten sind, daß er ohnehin nicht mehr existiert,
ist zwar seine Rechtfertigung überhaupt kein Problem

mehr oder, wie es scheint, ein rein religionshistorisches. Die einfachste Lösung der Theodizee, sagte die französische Aufklärung, ist die: que dieu n'existe pas. Wird also zum sittlichen Atheismus, als der die gesamte Theophanie am Schluß des Buchs Hiob verstanden werden kann, der ontologische gefügt, dann wirkt zu guter Letzt das ganze Problem Theodizee als Apologetik ohne causa sui. Ja – und das ist wichtig – auch die Fragen und Anklagen Hiobs, seine gesamte Rebellion scheint bei Wegfall eines thronenden Gottseins gegenstandslos.

Ist das nun wirklich so, nämlich was sein bitteres Fragen selber angeht? Besitzt das Buch Hiob auch für bequeme Atheisten keine andere Wirklichkeit als historische oder psychologische oder, wie selbstverständlich, poetische? Bleibt nicht viel – grausame Natur auch ohne Jachwe, um Menschen unbekümmerte, fühllose? Bleiben nicht Krankheit, Unordnung, Fremdheit, kalte Schulter im Dasein, bleibt nicht jenes Etwas im Dasein – auch ohne Verdinglichung oder transzendente Hypostase –, von dem doch Hiob sagt: „Schuldig oder unschuldig, es bringt beide um" (Hiob 9,22)? Bleibt nicht der Tod, dem Hiob die entsetzlich zeitlosen Worte setzt: „Harre ich gleich lang, so ist doch die Unterwelt (scheol) mein Haus, und in Finsternis ist mein Bett gemacht. Die Verwesung heiße ich meinen Vater und die Würmer meine Mutter und Schwester. Wo ist dann mein Hoffen und mit all meinem Hoffen, wer sieht es? In die Unterwelt hinunter wird es fahren und mit mir im Staub liegen" (17,13–16).

Ein fühlloses Universum bleibt, ein mit den menschlichen Zweckreihen noch weithin unvermitteltes; ist auch nicht Anklage die uns gebliebene Reaktion, so mindestens riesiges Fragen, riesig negative Verwunderung. Ja was nun selbst das unter Theodizee Gedachte angeht, nun zum *Problem* eines immanenten Sinns zertrümmert, ganz ohne

Apologie und Aberglauben einer transzendenten höchsten Obrigkeit und ihrer interessierten Schonung: brauchen die Wunschträume, die es so schwer haben, keinen Trost, daß für sie trotzdem etwas vorgesehen sei? Brauchen die Werke, die gegen das Unmenschliche errichtet werden, brauchen die konkret-seinwollenden Utopien, die Planungen des Noch-Nicht-Gewordenen nicht im Weltkern ein Korrelat? Muß das harte Zusammen von Elend und von Tendenz zu seiner Überwindung, von Ausbeutung und von progressiver Dialektik in der Ausbeutung nicht verstanden werden? Muß materialistische Dialektik selber, nämlich daß sie einen solch langwierigen, solch entsetzlichen Prozeß braucht, nicht auch – gerechtfertigt werden? Woher stammt das Reich der Notwendigkeit, das so lang bedrückt?, wieso ist das Reich der Freiheit nicht mit einem Male da?, wieso muß es sich so blutig durch Notwendigkeit hindurcharbeiten?, was rechtfertigt seine Verzögerung? – Das sind Angelegenheiten, die gerade auch beim Atheismus übrig bleiben, sofern er nicht geschichtsloser und irrealer, ja irrsinniger Optimismus ist. Und ebenso geschichtsloser Nihilismus, mit den Menschen als lächerlichen Illusionserzeugern (obwohl diese Menschen doch selber zur vorhandenen Welt gehören), mit lauter Tod-Fremde an sich um uns her, mit jenem gorgonisch-kosmischen Un-Mensch-Sein an sich, worin immer wieder nichts Uns-Angehendes verkapselt sein soll. Hiobs Fragen sind derart mit seinem Auszug aus dem scheinbaren Gerechtigkeits-Jachwe nicht ganz beantwortet. Sie bleiben transportiert, transformiert, auch vor starrmachendem – Gewittersturm, auch vorm Schweigen der Welt ganz ohne Jachwe. Die einfachste Lösung der Theodizee ist also nicht nur die: que dieu n'existe pas; denn dann tauchen die Fragen an den für uns ganz fühllosen, finster-gesprenkelten Weltgang selber auf und die schwierige Materie, die sich in ihm bewegt. Die einfachste Art ist die, daß es in der Welt immer wieder einen Auszug gibt, der aus dem jeweiligen Status herausführt, und eine Hoffnung, die sich mit der Empörung verbindet, ja die in den konkret gegebenen Möglichkeiten eines neuen Seins fundiert ist. Als einem Halt in der Zukunft, mit noch keineswegs vereiteltem, wenn auch keineswegs gewonnenem Prozeß, kraft unnachläßlichen Schwangergehens seiner Lösung, unserer Lösung. Der Auszug aus caesarischer Gottesvorstellung, wie ihn Hiob begann, den Menschen über jede Art von Tyrannei setzend, über die fragwürdige einer Gerechtigkeit von oben, auch über die neu-mythische einer Naturmajestät an sich: *dieser Auszug ist nicht auch einer aus dem Auszug selbst.*

Quelle: *Ernst Bloch,* Atheismus im Christentum. Zur Religion des Exodus und des Reichs [1]1968 (Frankfurt 1985), S. 148–166 (Auszug) © Suhrkamp Verlag, Frankfurt am Main 1968.

Lesehinweis: *Silvia Markan,* Ernst Bloch, mit Selbstzeugnissen und Bilddokumenten (Reinbek 1977).

5. Ulrich Schacht: „Gott, auch nur ein Mensch"

Der in der DDR aufgewachsene, seit 1976 in Hamburg lebende Lyriker und Erzähler *Ulrich Schacht* (*1951) gehört zur jüngeren deutschsprachigen Literaturszene. Vor allem mit seinem zweiten, 1983 erschienenen Gedichtband „Scherbenspur" wurde der ehemalige Theologiestudent einer größeren Öffentlichkeit bekannt. Aus diesem Band stammt das folgende Gedicht.

HAT HIOB AN EINEM BEWÖLKTEN NACHMITTAG
geweint? Schien die Sonne? Oder
beides? Der Himmel
bringt alles, sagt Hiob und lacht
über soviel Unglück
im Glück. Was sind schon Söhne
und Töchter zum Beispiel? Menschen-
Leiber, lacht Hiob ein wenig zu laut
in die Höhe und sagt dann, kaum
hörbar: Der Beweis ist erbracht: Gott
ist auch bloß ein Mensch. Sein Zorn
paßt sich an. Wenn ich er wär,
ich würde es auch tun.

Quelle: *Ulrich Schacht,* Scherbenspur. Gedichte (Zürich 1983), S. 71. © 1983 by Amman Verlag & Co., Zürich.

6. Muriel Spark: „Hiob – das einzige Problem"

Die 1918 in Schottland geborene, seit längerer Zeit in Italien lebende *Muriel Spark* – Tochter eines Juden und einer evangelischen Christin – wurde seit ihrer Konversion zum Katholizismus im Jahre 1954 zu einer der führenden Vertreterinnen des sogenannten „katholischen Romans", in dem immer wieder religiös-konfessionelle Themen und Motivblöcke eine wichtige Rolle spielen. In ihren mittlerweile weit über zwanzig Romanen bedient sie sich dabei vor allem des Stilmittels der literarischen Satire, um der Gesellschaft einen mal witzigen mal ernsthaften Spiegel der Selbsterkenntnis vorzuhalten.
Schon in den fünfziger Jahren hatte sie an einer Studie über Hiob gearbeitet, 1957 den vage an Hiob angelehnten Erstlingsroman „Die Tröster" veröffentlicht, doch erst 1984 sollte ihre literarische Beschäftigung mit Hiob ihre krönende Form finden. In diesem Jahr erschien ihr Roman „Das einzige Problem", wie der Roman von H.G. Wells eine Transfigurationsgeschichte der Hioberzählung in unsere Zeit hinein, durchsetzt freilich mit Reflexionen über das im Titel angesprochene „einzige Problem" – das biblische Buch und seinen „Helden" Hiob. Harvey Gotham, ein finanziell abgesicherter kanadischer Mittdreißiger, hat sich in ein elsässisches Landhaus zurückgezogen, um einen Kommentar zum Hiobbuch fertigzustellen. Er wird dabei von mehreren Freunden, „Tröstern", heimgesucht, die mit ihm seine Anschauungen diskutieren. Am Ende des ereignisarmen, eher reflektierenden Romans hat Harvey seinen Kommentar fertiggestellt und kehrt in sein früheres Leben zurück.
Drei kurze Passagen sind hier abgedruckt: Zunächst ein Dialog zwischen Harvey und seinem Freund Edward über Hiob, dann ein weiteres Gespräch über Hiob von Harvey und seiner Schwägerin Ruth, schließlich eine Betrachtung Harveys über eine der wichtigsten Darstellungen Hiobs in der Kunstgeschichte: *Georges de La Tours* „Job visité par sa femme" aus der ersten Hälfte des 17. Jahrhunderts. Dieses Bild ist hier ebenfalls wiedergegeben.

Als Theologiestudent hatte Edward, wenn im Frühsommer das Wetter schön war, so manche Stunde mit Harvey Gotham auf dem großen, grünen Geviert des Innenhofs der Universität im Gras gelegen, während nebenan die Krockethämmer klickten und die Spieler gedämpft ihre Stimmen ertönen ließen, und gemeinsam hatten sie über das Buch Hiob diskutiert, das für sie nicht nur die bedeutende und großartige Dichtung war, als die es allgemein angesehen wurde, sondern der Dreh- und Angelpunkt der ganzen Bibel.

Edward hatte das Band – oder sollte er Fessel sagen? – zwischen ihm und Harvey immer in ihrer gemeinsamen Liebe für den wunderbaren Hiob gesehen, ihren Studien, Analysen und Theorien. Harvey pflegte auf dem Rücken zu liegen, das eine Bein ausgestreckt, das andere angezogen, und Edward saß neben ihm, ließ sich die Sonne ins Gesicht scheinen und betrachtete die alten Schloßmauern, dieweil sein übriges Ich den Worten Harveys lauschte. „Es ist das einzige Problem. Das Problem des Leidens ist das einzige Problem. Darauf läuft letzten Endes alles hinaus."
„Wußtest du schon", hörte Edward sich in der Erinnerung fragen, „daß eine von Hiobs Töchtern, nachdem Reichtum und Familienglück ihm zurückgegeben worden waren, den Namen ‚Salbhörnchen' bekam? Können wir uns wirklich vorstellen, daß unser gepeinigter Held sich über die eigentliche Belohnung gefreut hat?"
„Nein", sagte Harvey. „Er hat weiter gelitten."
„Laut Bibel nicht."
„Ich bin aber überzeugt, daß er weiter gelitten hat. Vielleicht sogar noch mehr."
„Es klingt aber doch merkwürdig!" hatte Edward gemeint, „daß er, nachdem er auf einem Dunghaufen gesessen und an Geschwüren gelitten und die Schadenfreude seiner

Freunde erduldet und Familie und Vieh verloren hatte,
noch weiter gelitten haben soll."

„Er hatte sich daran gewöhnt", sagte Harvey, „denn er erör-
terte ja nicht nur das Problem des Leidens, er litt auch am
Problem des Erörterns. Und das ist unheilbar."

„Aber er wollte doch mit Gott rechten."

„Schon, aber Gott als Person kommt dabei schlecht weg,
sehr schlecht. Donner und Blitz und ich bin ich und wer
bist du? Er zieht eine Nummer ab. Siehe da den Leviathan.
Siehe da den Behemoth. Tusch! Wo warst du, als ich die
Erde gründete? Und Hiob antwortet unaufrichtig und fälsch-
lich: ‚Ich bin gering.' Und Gott sagt, gut, nachdem wir uns
darüber einig sind, gebe ich dir deine Güter doppelt
zurück, und du kannst vierzehntausend Schafe und sechstausend Kamele und tausend Joch Rinder und tausend
Eselinnen haben. Und sieben Söhne und drei Töchter. Die
dritte Tochter war Keren-Happuch – Salbhörnchen."

Aber sie sehnte sich nicht einmal nach diesen Tagen der
Kirchenfeste, Abendvorträge und Nähkurse zurück. Sie
hatte sich in ihr neues Leben, sosehr es auch vom Buch
Hiob beherrscht war, schon fest eingelebt.

„Du fühlst dich bei jemandem, der in der Gottesbranche
arbeitet, einfach sicherer", sagte Harvey, „weil du darin
mehr zu Hause bist."

„Stimmt vielleicht."

„Und das festere Einkommen."

„Soweit es reicht", sagte sie, denn sie hatte wenig
Ansprüche für sich. „Aber ich habe mich gelangweilt", sagte sie. „Er hat mir immer recht gegeben, und das tust du
nicht."

„Das liegt nur daran, daß du eine Trösterin bist", sagte Harvey. „Hiob hatte seine Tröster, mit denen er sich streiten
konnte; warum soll ich keine haben?"

„Siehst du dich als Hiob?"

„Nicht direkt, aber man kommt nicht daran vorbei, mit dem Mann zu sympathisieren."

„Das weiß ich nicht so recht", sagte Ruth. „Hiob war ein sehr reicher Mann. Er hat alle seine Reichtümer verloren, alle Söhne und Töchter, und das hat er sehr philosophisch hingenommen und gesagt: ,Der Herr hat's gegeben, der Herr hat's genommen; der Name des Herrn sei gelobt.' Dann bekommt er Geschwüre, und da erst gehen ihm die Nerven durch, da ist er persönlich betroffen. Erst da fängt er an, sich über Gott zu beschweren. Er fragt nicht, warum seine Söhne ihr Leben lassen mußten, erkundigt sich bei Gott nicht nach dem Grund für ihr Schicksal. Erst sein Hautausschlag rüttelt ihn auf."

„Vielleicht war's eine Gürtelrose", sagte Harvey. „Das ist eine Nervenkrankheit. Seine Nerven waren jedenfalls angegriffen."

Ruth sagte: „Er mußte erst selbst betroffen sein, bevor er reagierte. Am eigenen Körper betroffen. Höchst egozentrisch. Und allzusehr scheint er mir nicht gelitten zu haben, sonst hätte er diese langen Streitgespräche nicht durchgehalten. Er kann nicht einmal Fieber gehabt haben."

„Da bin ich anderer Meinung. Ich glaube, er hatte während der ganzen Streitgespräche hohes Fieber", sagte Harvey. „Denn die sind hochpoetisch. Ansonsten könntest du aber recht haben; das Fieber hatte vielleicht der Autor. Hiob selbst saß nur mit langem Gesicht da und disputierte gegen die Theorien seiner Freunde an."

„Notier dir das", befahl Ruth.

„Tue ich schon", sagte er und tat es auch.

„Jemand muß ihm zu essen gegeben haben", sagte Ruth. „Jemand muß ihm seine Mahlzeiten gebracht haben, denn er saß ja auf einem Dunghaufen vor der Stadt."

„Ich bin nicht sicher, ob er auf einem Dunghaufen vor der Stadt saß. Das ist nur eine Annahme, die auf einer unverifizierten griechischen Version des Textes beruht. Es heißt lediglich, daß er auf dem Boden in der Asche saß. Vermutlich am eigenen Herd. Und das Essen wurde ihm zweifellos von seiner guten Frau gebracht."

Ruth hatte sich als ausgezeichnete Köchin entpuppt, trotz der Enge in der Küche mit diesem unheimlichen dreistufigen Spirituskocher.

„Wie verstehst du das mit seiner ‚guten Frau'?" fragte Ruth.

„Sie hat doch zu ihm gesagt: ‚Sage Gott ab, und stirb.'"

„Damit hat sie doch nur ihrer Erbitterung Ausdruck gegeben. Sie war seiner Meckereien müde und wollte, daß er sich's ein für allemal von der Seele redet und Schluß damit."

„Ich vermute, daß die Frau gelitten hat", sagte Ruth. „Aber der Verfasser des Buchs hat aus ihr gar nichts gemacht. Hiob hatte verdient, was er bekam."

„Genau das versuchten seine drei Freunde ihm beizubringen", sagte Harvey. „Aber Hiobs Standpunkt war ja gerade, daß er es nicht verdiente. Leiden steht in keinem Verhältnis zu dem, was der Leidende verdient."

Er war gekommen, um sich wieder einmal, wie schon so oft, im *musée* von Epinal dieses grandiose Gemälde *Job visité par sa femme* anzusehen. Er parkte den Wagen und ging ins Museum.

Die Angestellte im Vorraum, die ihn schon gut kannte, grüßte ihn heiter, als er an ihr vorbeiging. „Heute keine Schulklasse", sagte sie. Manchmal, wenn Schulklassen oder Gruppen von Kunststudenten da waren, machte Harvey gleich wieder kehrt und versuchte erst gar nicht, sich das Bild anzusehen. Aber sehr oft waren nur zwei oder drei Besucher da. Manchmal hatte er das Museum auch ganz für sich allein; er war schon halb die Treppe hinauf, als die Angestellte ihm das von den Schulklassen sagte. Beifällig, fast bewundernd sah sie ihm nach, wie er die Treppe hinauf eilte, als ob seine langen Beine beim Erreichen des ersten Treppenabsatzes schon einen Hauch von Freude in ihren Vormittag gebracht hätten. In der zweiten Etage nickte der dunkelblau uniformierte Museumswächter, der dort, die Hände hinter dem Rücken, gemessen seine Runde machte, ihm zu wie einem alten Bekannten; dann ging er wie gewöhnlich zum anderen Ende des Saals und setzte sich geduldig auf einen Stuhl, während Harvey seinen gewohnten Platz auf einer kleinen Bank vor dem Bild einnahm.

Das Bild wurde in der ersten Hälfte des siebzehnten Jahrhunderts von Georges de La Tour gemalt, einem gebürtigen Lothringer. Es hat Ähnlichkeit mit den niederländischen Nachtstücken jener Zeit. Farben und Aufbau sind eindrucksvoll. Es ist von außergewöhnlicher Schlichtheit und wie so viele große Kunstwerke der Vergangenheit erstaunlich modern.

Job visité par sa femme: Für Harvey steckte in dem Bild viel mehr zur Erhellung des Themas Hiob als in vielen der ausgewalzten Kommentare, die er so gut kannte. Es sprach beredt von einer neuen Idee, doch woher nahm der Maler die Rechtfertigung für seinen Umgang mit dem Thema? Hiobs Frau ist groß und hübsch und läßt einen schönen Körper unter ihrem weiten, glockenförmigen Gewand erahnen; mit langem Hals steht sie fürsorglich über Hiob gebeugt; in der Hand eine brennende Kerze. Es ist Nacht, es ist Winter; Hiobs Frau trägt eine prächtige rote Tunika über ihrem Kleid; Hiob sitzt auf einem schlichten Quaderstein. Er könnte bei einem Feuer sitzen, denn die Kerze allein kann das viele Licht nicht spenden, das auf die beiden Gestalten fällt. Hiob ist nackt bis auf einen Lendenschurz. Er hat die Hände über den Knien gefaltet. Sein Körper wirkt eingefallen, aber mehr aus Selbstmitleid denn aus Entbehrung. Neben ihm liegt die Scherbe, mit der er seine Wunden schabte. Sein Bart ist dicht. Er ist kein alter Mann. Beide sind in der Blüte ihrer Jahre, ein Paar in den Dreißigern. (Tatsächlich waren ihre jüngst verstorbenen Kinder noch nicht verheiratet.) Sein Gesicht ist zu seiner Frau emporgewandt, verletzlich, irgendeine Gunst erbittend, ein Anliegen vorbringend. Was versucht seine Frau ihm zu sagen, wie sie ihr hübsches Gesicht so über ihn beugt? Was erbittet er, der Geschlagene, so gelassen in seinem Glauben, so gewandt im Streitgespräch?

Die Szene hier wirkte auf Harvey so völlig anders als die im Buch Hiob geschilderte, und doch so entschieden und klug durchdacht, daß man unmöglich um die Frage herumkam, was der Künstler damit eigentlich meinte. Harvey starrte auf das Bild und rief sich die Verse ins Gedächtnis, die dem Bericht über Hiobs Erkrankung an Geschwüren folgten:

> Und er nahm eine Scherbe und schabte sich und saß in der Asche.
> Und seine Frau sprach zu ihm: Hältst du noch fest an deiner Frömmigkeit? Sage Gott ab und stirb!
> Er aber sprach zu ihr:
> Du redest, wie die törichten Weiber reden. Haben wir Gutes empfangen von Gott und sollten das Böse nicht auch annehmen? In diesem allen versündigte sich Hiob nicht mit seinen Lippen.

Aber was sagte sie, Hiobs Frau, auf dem ernsten, schlichten und zärtlichen Bild von Georges de La Tour zu ihm? Der Text der Dichtung ist voll Ungeduld und Zorn; da spricht sie wie vom Satan besessen. „Hältst du noch fest an deiner

Frömmigkeit?" Sie scheint sich an seiner Verzweiflung zu
weiden. „Sage Gott ab und stirb!" Harvey erinnerte sich,
daß einer der Standardkommentatoren dazu eine ganz
spezielle Interpretation anbot, etwa dahingehend: „Willst
du weiter so rechtschaffen sein? Wenn du schon sterben
mußt, sage Gott ab und erleichtere erst mal deine Seele.
Das wird dir guttun." Aber selbst dieser, vielleicht gutge-
meinte Rat paßt nicht zu dem Bild. Natürlich hat der
Maler irgendeine eigene Vorstellung idealisiert: In seinem
Traum empfinden Hiob und seine Frau eine tiefe Liebe
füreinander.

Ein paar Leute waren eben ins Museum gekommen; Harvey hörte unten Stimmen und dann Schritte die Treppe
heraufkommen. Er betrachtete das Bild und entwickelte
seine Gedanken weiter: Hier ist sie in keiner Weise die
Überbringerin der Botschaft Satans. Sie kommt, um Hiob,
der nur noch ein körperliches und seelisches Wrack ist, zu
trösten. „Du redest, wie die törichten Weiber reden", sagt
er zu ihr, und das soll heißen, daß er sie nicht als törichtes
Weib kennt und ihr nur sagen will, sie rede anders als
sonst. Und er macht ihr klar: „Haben wir Gutes empfangen
von Gott und sollten das Böse nicht auch annehmen?"
Dieses traute „Wir" darf man nicht übersehen, dachte Harvey; er hat nicht die Absicht, seine Frau fallenzulassen, er
ist ihr in keiner Weise feindlich gesinnt, wie später seinen
Freunden.

Quelle: *Muriel Spark,* Das einzige Problem. Roman [1]1984, aus dem
Englischen von Otto Bayer, (Zürich 1985), S. 24–25/42–44/64–67.
© 1985 by Diogenes Verlag AG, Zürich.

Lesehinweis: *Norman Page,* Muriel Spark (Houndsmill/London
1990).

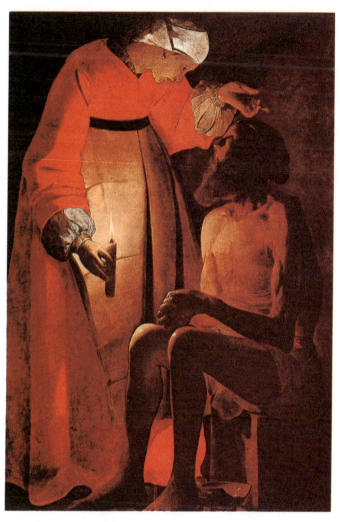

Georges de La Tour: Hiob und seine Frau/Nachtstück mit
kerzehaltender Frau und sitzendem Mann (1. H. 17 Jh.)

7. Cordelia Edvardson: „Die Liebe lebt"

Mit ihrem autobiographischen Überlebensbericht der Konzentrationslager „Gebranntes Kind sucht das Feuer" von 1986 ist die Tochter der Schriftstellerin Elisabeth Langgässer, die lange Zeit in Schweden und nun in Israel lebende *Cordelia Edvardson* (*1929) bekannt geworden. 1993 erschien ihr auf schwedisch verfaßter Gedichtband „Jerusalems Lächeln" in deutscher Sprache, dem der letzte hier dokumentierte Text entnommen ist. Die Dichterin greift hier die umstrittenste Stelle des Hiobbuches auf, die bereits von Nelly Sachs als Gedichtmotto zitierten Verse 19,25f, in denen Hiob seine Hoffnung bündelt. Aber: Hoffnung auf wen? – Einen Auslöser, Bluträcher, Erlöser? Die exegetischen Interpretatoren können sich nicht auf eine gemeinsame Deutung einigen. Edvardson nimmt die Lösung von Archibald MacLeish auf: Eines ist gewiß, die Liebe lebt!

Ich weiß, die Liebe lebt
scheintot im Leichentuch aus Vorbehalten
begraben unter dem Stein.
Nicht wegzuwälzen ist er
und redete ich mit Engelszungen.
In den Windungen des Labyrinths gingen wir irr
von fernher tönt die Flöte
doch der Ariadnefaden –
gerissen.

Spiele, spiel
mich hinauf aus der Finsternis
oder steige herunter ins Todesschattental
denn ich weiß, die Liebe lebt.

Hiob 19, 25–26

Quelle: *Cordelia Edvardson,* Jerusalems Lächeln. Gedichte. Aus dem Schwedischen von Anna-Liese Kornitzky. [1]1991 (München/Wien 1993), S. 19. © 1993 Carl Hauser Verlag München/Wien.

Lesehinweis: *Cordelia Edvardson,* Gebranntes Kind sucht das Feuer (München/Wien 1986).

Ausblick: Hiob in Religionsunterricht und Erwachsenenbildung

1. Grundsatzüberlegungen

Die Fragen nach dem Umgang mit Leid, mit dem Scheitern von Lebensentwürfen, mit der Unausweichlichkeit von Krankheit, Tod und Chaoserfahrung stellen sich dem Menschen des ausgehenden 20. Jahrhunderts wie allen Menschen vor ihm. Zwei Unterschiede aber zeichnen unsere Situation – und damit ist hier in erster Linie die Bevölkerung der reichen Industrienationen, der zynisch so genannten „Ersten Welt" gemeint – im Verhältnis zu den anderen Generationen vor uns aus: Zum ersten ist es zwar keineswegs so, daß unsere Generation „mehr leiden" würde als jemals eine andere – diese Behauptung wäre eine unhistorische Überbewertung der eigenen Zeit. Aber sicherlich *erfahren* wir in unserer medial geprägten Welt von einem Übermaß an Leid, werden wir über Zeitung, Film und Fernsehen zu Augen- und Ohrenzeugen von derartig viel Leid und Absurdität auf dem ganzen Erdball, daß sich in der Tat die Rückfrage nach dem Sinn des Gesamtsystems Schöpfung noch einmal in einer so nicht gekannten Dringlichkeit und Schärfe neu stellt. Kein noch so verheerendes Naturunglück, sei es ein Erdbeben oder eine Flutkatastrophe, von dem wir nicht in Sekundenschnelle Bilder in unsere Wohnzimmer geliefert bekämen; kein noch so schauerliches Verbrechen, von Menschen an Menschen verübt, über das wir nicht sensationshungrig bis in die perversen Details hinein informiert würden; kein Krieg, der nicht tage- bis jahrelang überall und von jedem intensiv diskutiert und kommentiert würde. Eine „gute

Schöpfung", ein „guter Gott", ein „guter Mensch als Gottes Ebenbild" – im Prasselschauer der Sensationsschlagzeilen haben es diese Worte und Konzepte schwer, als sinnvolle Begriffe, ja Lebensinhalte zu überleben.

Und ein zweiter Unterschied – weder triumphierend noch lamentierend, sondern schlicht konstatierend zur Kenntnis zu nehmen – zeichnet unsere Epoche im Vergleich zu den vorherigen aus: Dem heutigen Menschen steht zumindest in unseren westlichen Kulturen kein festes Rahmensystem mehr zur Verfügung, keine allseits akzeptierte Ideologie, Philosophie oder Religion, deren unhinterfragte Autorität ihm Antwort und Halt geben könnte, gerade im Hinblick auf diese existentiell unausweichlichen Fragen. Der Preis der so gern „postmodern" genannten Pluralität, die das Lebensgefühl unserer Gesellschaft bestimmt, ist oft genug die überfordernde Orientierungslosigkeit angesichts völliger Beliebigkeit oder zumindest Unübersichtlichkeit. So sehr sich in einer derartigen Situation jener Gedanke nahelegt, den Fundamentalisten unterschiedlichster Schattierungen prompt lauthals verkünden: zurück in das geschlossene System einer wie immer gearteten Ideologie – diese Rufer können ihrerseits nur in die Irre einer neuen Erstarrung locken. Gerade das Christentum unserer Zeit wird sich der knapp umrissenen Grundsituation stellen müssen und differenziert darauf einzugehen haben. Es gilt mehr denn je, in sich schlüssige Sinnangebote, überzeugende Lösungskonzepte und vorgelebte Orientierungsmodelle werbend bereitzustellen. Hat die christliche Religion in dieser Situation etwas entscheidend Eigenes zu sagen? Finden sich Modellfiguren, Vorbildgestalten, Deutecharaktere, anhand derer sich das eigene religiöse Profil werbend abzeichnet?

Zum didaktisch-hermeneutischen Konzept der „Korrelation"

Zur Frage des individuellen Umgangs mit Leid in Verbindung mit der Rückfrage nach Gott angesichts dieses Leidens steht nun gerade Hiob im Zentrum der Aufmerksamkeit. Wie keine andere Gestalt – sicherlich der Bibel, vielleicht aber sogar der menschlichen Geistesgeschichte überhaupt – verkörpert er zugleich diese Fragen und einen eigenen individuellen Lösungsansatz. Die in dieser Textsammlung dokumentierten Stimmen belegen eindrücklich, daß in der Auseinandersetzung mit diesem Hiob eine eigene Position gefunden werden kann – sei es in Zustimmung oder Erweiterung, sei es in Absetzung oder Relativierung der biblisch bezeugten Haltung. Ein mit diesen Sätzen beschriebenes Modell der Auseinandersetzung folgt freilich einem hermeneutischen Prinzip, das traditionellerweise mit der Bezeichnung *„Korrelation"* versehen wird. Vor allem im Anschluß an die Würzburger Synode (1974/1975) gilt die Korrelationsdidaktik als Grundmodell des katholischen Religionsunterrichtes und der katholischen Erwachsenenbildung, verbirgt sich hinter diesem Begriff doch eine „kritische, produktive Wechselbeziehung" zwischen „dem Geschehen, dem sich der überlieferte Glaube verdankt, und dem Geschehen, in dem Menschen heute" ihre Erfahrungen machen. Korrelation steht also als Idealbegriff für „einen Prozeß der wechselseitigen Durchdringung zwischen Glaubensüberzeugungen und Lebenserfahrungen"[36].

Der Begriff der Korrelation ist freilich in der jüngsten religionspädagogischen Debatte[37] heftig unter Beschuß gera-

---

[36] So die Definition im Grundlagenplan für den katholischen Religionsunterricht im 5.–10. Schuljahr, hrsg. von der Zentralstelle Bildung der Deutschen Bischofskonferenz (Köln 1984), S. 242f.

ten; deshalb ist hier eine wichtige Differenzierung ange-
zeigt. Im Zentrum des gegenwärtigen Disputs steht vor
allem jene *Didaktik,* die als „Korrelationsdidaktik" bezeichnet wird, in der Praxis aber immer wieder zum platten
methodischen Schema „Das Leben stellt die Fragen – die
Religion gibt die Antwort" verkommt. Daß ein solches
Schema in einer pluralistischen Welt nicht mehr funktio-
nieren kann und deshalb zu Recht in der Kritik steht,
bedarf kaum der Begründung. Komplexe Didaktik ver-
flacht hier allzu leicht zu flüchtig umgesetzter Methodik,
die zudem der irrigen Annahme folgt, die „Antwort" des
Glaubens lasse sich für alle Glaubensprobleme so einfach
und eindeutig bestimmen und werde dann auch noch
akzeptiert. Dieser vielfach berechtigte Einwand besagt
jedoch keinesfalls, daß der didaktische Grundgedanke in
sich falsch sein muß. Vielleicht wäre es hilfreich, wenn in
dieser religionspädagogischen Diskussion wieder stärker
erkannt würde, daß Korrelation vor allem eine *hermeneutische Kategorie* ist, ein erkenntnistheoretisches Modell, das
prinzipiell zu verdeutlichen sucht, wie heute glaubhaft
Theologie – und zwar grundsätzlich – betrieben werden
kann oder muß.[38] Die Frage der religionspädagogischen
Umsetzung – didaktisch wie methodisch – wäre dann erst
auf zweiter und dritter Ebene zu stellen und zu beantworten.
Hiob im korrelativen Modell? – Einige Anmerkungen zur Verdeutlichung der Rahmenbedingungen: Der Korrelations-
prozeß umfaßt idealtypisch ein dreifaches Geschehen.

[37] Vgl. etwa die Diskussionsbeiträge in *Georg Hilger/George Reilly,*
Religionsunterricht im Abseits (München 1993).

[38] Hier ist nachdrücklich *Georg Hilger* beizupflichten, vgl. *ders.,* Korrelation als theologisch-hermeneutisches Prinzip, in: Katechetische
Blätter 118 (1993), S. 828–830.

Erster Schritt: Heutige Erfahrungen mit Leid werden in sich benannt, gedeutet und analysiert. Zweiter Schritt: Die Hiobserfahrung und das Hiobbuch werden in sich gedeutet und analysiert. Dritter und entscheidender Schritt: Die zwei bislang unabhängig voneinander durchgeführten Deutungsprozesse werden zusammengebracht – nicht im Sinne von Frage – Antwort, sondern im Sinne von echter gegenseitiger Durchdringung: Erscheint das Hiobbuch im Lichte heutiger Erfahrung neu und anders? Erscheint heutige Erfahrung im Lichte des Hiobbuches neu und anders? Und schließlich: Verändert die somit mehrschrittig erfolgte Auseinandersetzung meine eigene Haltung, meine Einstellungen, meine Lebensausrichtung? Nur wenn ein derartiger Prozeß ermöglicht wird, und zwar konkret: dem einzelnen ermöglicht wird – denn Korrelation ist ein emanzipatorischer, nur individuell abzuschließender dynamischer Prozeß –, kann Religion in der jeweiligen Lebenswirklichkeit fruchtbar werden.

Noch einmal zur Verdeutlichung: Nichts wäre unpassender, als diesen erkenntnistheoretischen Prozeß einlinig in eine methodische Vorgabe umsetzen zu wollen nach dem Motto: Wir sprechen über „Leid" – erste Stunde: Was sind unsere Erfahrungen; zweite Stunde: Was waren Hiobs Erfahrungen; dritte Stunde: Was lernen wir daraus? Ein solch plattes Schema, womöglich auch noch abzielend auf die einfache Übernahme der Vorbildhaltung Hiobs, ist Totschlagpädagogik. In den konkreten Überlegungen zum Umgang mit der Hiobsproblematik in Religionsunterricht und Erwachsenenbildung möchte ich im folgenden aufzeigen, wie eine angemessenere Umsetzung vielleicht aussehen könnte. Patentrezepte und Erfolgsgarantien sind dabei freilich ausgeschlossen, die konkrete Situation im Umgang mit Menschen läßt sich nicht in Schemata pressen – so gut diese auch sein mögen.

Literarische Texte im religionspädagogischen „Einsatz"?

Doch zuvor noch zu einer weiteren Frage: Wenn es im korrelativen Rahmen einereits darum geht, heutige Erfahrung mit Leid im Spiegel Hiobs neu zu betrachten, und
andererseits, Hiob im Spiegel heutiger Erfahrung mit Leiden neu zu betrachten – *warum* dann der *„Umweg" über
moderne literarische oder philosophische Zeugnisse?* Reicht nicht
die methodisch durchdachte Auseinandersetzung mit dem
Bibeltext völlig aus? Sicherlich, die Beschäftigung mit der
Bibel, hier konkret mit dem Hiobbuch, ist in sich im höchsten Maße sinnvoll – als individuelle spirituelle Übung
oder als religionspädagogisches Handeln mit anderen
Menschen. Dennoch bietet der Zugang über literarische
Texte[39] eine zusätzliche Chance, öffnet er eine ganz eigene
Dimension und Intensität der Auseinandersetzung.
Welche? Zur näheren Eingrenzung dieser Frage ist ein
erneuter Blick auf das hermeneutische Korrelationsmo-
dell hilfreich. Im ersten Schritt geht es dort um die Analy-
se der Gegenwart. Wie aber betreibt man eine derartige
Analyse? Konkret: Wie nähert man sich der Frage, wie in
unserer Zeit Leid erfahren, gedeutet und bewältigt wird?
Ist es legitim und ausreichend, eigene persönliche Erfah-

---

[39] Es fehlt der gegenwärtigen religionspädagogischen Diskussion an
gründlichen und aktuellen Untersuchungen zu diesem Thema.
Wichtige Anregungen finden sich bei: *Ursula Baltz-Otto,* „Religion"
und „Literatur". Theologie und Literaturwissenschaft. Hermeneutische und didaktische Perspektiven, in: Jahrbuch der Religionspädagogik 4 (Neukirchen-Vluyn 1987); einige Vorüberlegun-
gen habe ich selbst versucht in: *Georg Langenhorst,* Literarische
Texte im Religionsunterricht. Grenzziehungen, Orientierungs-
hilfen und Verdeutlichungen, in: Katechetische Blätter 119 (1994),
S. 318–324.

rungen von sich selbst und seiner Umgebung zu verallge-
meinern? Vertraut man auf Statistiken und öffentliche
Umfragen? Eine Alternative zu diesen – sicherlich auch
hilfreichen – Verfahren liegt im Ernstnehmen der Künstler.
Vielleicht zeichnet gerade das die Künstler aus, daß sie wie
feinfühlige Seismographen die Strömungen, Erschütterungen und Stimmungen ihrer jeweiligen Zeit genauer
als andere wahrnehmen und diese Wahrnehmung gestalten – als Bild, Film, Melodie, Figur oder Text.
Das also wäre das erste wichtige Argument für ein wirkli-
ches theologisches Ernstnehmen von Kunst: Sie kann Seh-
schulung, Hörschulung und Fühlschulung sein. Anders
gesagt – ohne die unbedingt zu beachtende Autonomie
von Kunst anzutasten, ohne in eindimensionale Funk-
tionalisierung[40] oder illegitime Instrumentalisierung zu
verfallen: Der korrelative Ansatz bedarf der Konkretisierung. Analyse der Gegenwartserfahrung schließt vor allem
den – zugleich liebenden wie kritisch-reflektierenden –
Blick auf Kunst ein. Insgesamt scheint sich in der Religionspädagogik eine hochinteressante Entwicklung abzu-
spielen.[41] Während in den sechziger und siebziger Jahren
vor allem die Soziologie die am meisten beachtete und
reflektierte Bezugswissenschaft der in der Pastoraltheolo-

---

[40] Ein solcher Ansatz scheint mir immer noch vorzuliegen in dem
ansonsten für die Praxis sehr anregenden Buch: *Sigrid Mühl-
berger/Margarete Schmid*, Verdichtetes Wort. Biblische Themen in der
modernen Literatur (Innsbruck/Wien 1994). Dort wird auf S. 9 als
mögliches Ziel angegeben ein „vertieftes und erneuertes Verständnis des biblischen Kerygmas".

[41] Vgl. hierzu: *Günter Lange*, Ästhetische Bildung im Horizont religi-
onspädagogischer Reflexion, in: *Hans-Georg Ziebertz/Werner Simon*
(Hrsg.), Bilanz der Religionspädagogik (Düsseldorf 1995),
S. 339–350.

gie tätigen Theologen war, läßt sich in den achtziger und neunziger Jahren eine deutliche Verschiebung beobachten: Hauptbezugswissenschaft der Religionspädagogik wird mehr und mehr die Ästhetik, die Auseinandersetzung mit der Kunst.[42] Gerade deshalb hat auch die Deutsche Katholische Bischofskonferenz 1993 ein bemerkenswertes Dokument herausgebracht, das sich der Frage nach „Kunst und Kultur in der theologischen Aus- und Fortbildung" widmet. Dort heißt es unter anderem: „Theologen, Katecheten und Religionslehrer müssen in die Lage versetzt werden, verantwortungsbewußt mit künstlerischen Fragestellungen und Entscheidungen umzugehen."[43] Auf eine Einlösung der hier völlig zu Recht aufgestellten Forderungen darf man gespannt sein.

Der bis hier erläuterte Punkt benennt aber nur den ersten Teil einer Antwort auf die Frage, welchen Gewinn der „Umweg" über die Beschäftigung mit den Zeugnissen der modernen Kultur für theologisches Denken und Argumentieren einbringt. Hinzu tritt einerseits die offene dialogische Auseinandersetzung mit Inhalt und Form dieser Zeugnisse. Welche Positionen, Gedanken, Erfahrungen werden hier benannt, und in welcher Art und Weise werden sie präsentiert? Neben diesen Dialog sollte aber andererseits auch die kritische Rückfrage an die eigenen Prämissen treten: Kann etwa ein theologisches Sprechen von

---

[42] Vgl. dazu: *Walter Lesch* (Hrsg.), Theologie und ästhetische Erfahrung. Beiträge zur Begegnung von Kunst und Religion (Darmstadt 1994).

[43] Kunst und Kultur in der theologischen Aus- und Fortbildung, Arbeitshilfen 115, hrsg. vom Sekretariat der Deutschen Bischofskonferenz, Bonn 1993, S. 19. Vgl. dazu auch: *Johann Holzner/Erika Schuster* (Hrsg.), Moderne Literatur, Herausforderung für Theologie und Kirche (Innsbruck/Wien 1992).

Gott von der Art und Weise, wie moderne Literatur von Gott spricht, etwas lernen?[44] Schließlich ist ein Punkt zu berücksichtigen, der ebenfalls in der religionspädagogischen Debatte der Gegenwart noch zu wenig Beachtung findet: der entscheidende Verweis-Charakter von Kunst, der in Grenzen dem *Verweis-Charakter* von religiösen Texten entspricht. Das oben zitierte Dokument der Bischofskonferenz führt weiter aus: „Die vielfältigen Sprachformen, wie sie in den Künsten entwickelt werden, überschreiten das Leistungsvermögen der Begriffe."[45] In der Tat, das gerade kann ja gute Kunst auszeichnen: Sie weist über sich hinaus, sprengt das definitorisch Benennbare auf, eröffnet einen Sinnraum, der nur erahnt, erspürt und ganz individuell mit Leben gefüllt werden kann. Sie ermöglicht über sich selbst hinausweisende Ver-Dichtung und Vertiefung und ist darin dem Prozeß des religiösen Transzendierens vergleichbar, ohne mit ihm gleichgesetzt werden zu können. Auch hier muß eine knappe Problemanzeige genügen, um den – sicherlich genauer zu untersuchenden – Unterschied im Verweischarakter von Kunst und Religion festzuhalten. Vielleicht läßt er sich so benennen: Wo die monotheistischen Religionen ein Transzendieren auf etwas hin propagieren, auf „Gott", da bleibt das Über-Sich-Hinaus-Verweisen der Kunst zunächst ein objektloser Öffnungsprozeß des Menschen...

---

[44] Vgl. dazu vorbildhaft: *Karl-Josef Kuschel,* Paul Celan, Nelly Sachs und ein Zwiegespräch über Gott, in: *ders.,* „Vielleicht hält Gott sich einige Dichter ...", S. 285–306 (s. Anm. 15); eigene knappe Überlegungen hierzu habe ich vorgelegt in: *Georg Langenhorst,* „Aber wer bin ich denn, daß ...". Biblische und literarische Überlegungen zu einer Spiritualität der Selbstzurücknahme, in: Bibel und Kirche 50 (1995), S. 109–115.

Versuchen wir, das bisher Gesagte anzuwenden und am Beispiel Hiobs zu konkretisieren. Anhand von drei Kategorien, die *Karl-Josef Kuschel* „Erfahrungsgewinn", „Wirklichkeitsgewinn" und „Sprachgewinn"[46] nennt, lassen sich die Erkenntnis- und Methodenausweitungen darstellen, die denjenigen Theologen und Religionspädagogen zukommen, die sich grundsätzlich auf die Auseinandersetzung mit moderner Literatur einlassen.

Erfahrungsgewinn – Wie bei kaum einer anderen biblischen Gestalt verbinden sich in der Hiobrezeption persönlich-individuelle Identifikation und literarische Produktion, am ausgeprägtesten bei Goll, Wolfskehl und Claudel: Die biographische Betroffenheit und oft lebenslange Auseinandersetzung mit diesem alttestamentlichen Vorfahren lassen die Dringlichkeit und Unbedingtheit seiner Fragen und Probleme offen zutage treten. Die literarischen Werke beziehen sich aber keineswegs nur auf diese individuelle Dimension. Vielmehr werden in ihnen archetypische Zeiterscheinungen und kollektive Strömungen gebündelt: An Hiob als Verkörperung der einzelmenschlichen *conditio personalis* (Goll), der *conditio judaica* (Susman, Wolfskehl) oder allgemeiner der *conditio humana* (Wells, MacLeish) überhaupt kann eine zeitgemäße Theologie nicht achtlos vorübergehen. Die Frage, wie Leid heute erfahren wird, läßt sich in den Texten nachdrücklich beantworten.

Wirklichkeitsgewinn – Vor dem Hintergrund der Erfahrungen des 20. Jahrhunderts erwiesen sich die traditionellen Antworten und Hiobinterpretationen vielfach als unzureichend. Bei fast allen Autoren wird neben der Teilidentifikation mit Hiob und Sympathie für Hiob die Unzufriedenheit mit den in diesem biblischen Buch gegebenen

---

[46] *Karl-Josef Kuschel*, Der andere Jesus. Ein Lesebuch moderner literarischer Texte (München/Zürich 1987), S. 12.

Antworten zum Ansatzpunkt der eigenen literarischen Produktion. Die Schriftsteller schreiben in der ungelösten Spannung einer „Hermeneutik des Einverständnisses" mit der Vorlage einerseits und einer „Hermeneutik des Zweifels und Protestes" andererseits. Diese Unzufriedenheit mit der Vorlage wird in der Rezeptionsform der Satire deutlich artikuliert (von Shaw bis Kunert), aber auch in der Tradition des „Anti-Hiob" (Zorn). Gerade weil Hiobs Lösung nicht zufriedenstellend scheint, versuchen die Autoren neben der Ablehnung des Vorgefundenen eigene Antworten. Die Bandbreite dieser *eigenen Antwortversuche* reicht dabei vom Appell an die Selbsterkenntnis- und Selbstheilungskräfte des Menschen (Wells, Becher, Döblin, Bloch) bis zum Hinweis auf die Erlösungstat Christi (Claudel und die christliche Literatur, Jung, Girard), von der letzten Ablehnung Gottes und schärfsten Rebellion als Selbstzweck (Bloch und Zorn) bis hin zum Sich-Fügen in den schöpferischen Kreislauf der Natur unter Akzeptanz des eigenen Sterbens (Goll), von der Utopie einer letzten gottgewirkten Rettung (Roth, Sachs) bis hin zum verzweifelten Glauben an die menschliche Liebe als Urkraft des Lebens (MacLeish) und schließlich zur Einsicht in die letztendliche Vergeblichkeit des menschlichen Bemühens überhaupt, einen Sinn im Weltganzen erkennen zu können (Spark). In diesen Eigenpositionen liegt ein zusätzlicher *Erkenntnis- und Frage-gewinn* für eine Theologie, die nicht schon von vornherein davon ausgeht, immer schon über alle Einsichten selbst zu verfügen.

Sprachgewinn – Gerade ein so sprachgewaltiger Höhepunkt der Weltliteratur wie das Hiobbuch gemahnt die Theologie zu einem angemessenen und verständlichen Sprachgebrauch. Sei es eine sich sehr stark durch Leerstellen und Sprachdemut auszeichnende Lyrik der Nelly Sachs, eine scheinbar im einfachen Duktus gehaltene, aber gerade so

wesentliche Prosa Joseph Roths oder eine neubelebte Vers-
dramatik MacLeishs: Die verschiedenen literarischen
Hiob-Erben setzen in ihrem Versuch, auch sprachlich dem
Vorbild nachzueifern, Wegmarken einer für die Theologie
angemessenen Sprachverwendung.

Chancen und Schwierigkeiten von Bibelarbeit

Zweierlei wollte ich bis hierher deutlich machen: Einerseits die Möglichkeiten und Chancen einer Auseinandersetzung mit Hiob im Kontext der Frage nach Gott im Leid
und andererseits die Rahmenbedingungen und Chancen
einer Annäherung an dieses Thema über moderne literarische
Texte. Wie aber läßt sich dies nun praktisch umsetzen? Ich
möchte im folgenden einige in Unterricht und Erwachsenenbildung unterschiedlichster Couleur (Studentengrup-
pe, Lehrerfortbildung, Gemeindearbeit, offene Akade-
mietagung) erprobte Erfahrungen dokumentieren, die so
sicherlich nicht einfach nachgeahmt werden können oder
sollen, weil sie von den individuellen Persönlichkeiten der
Lehrenden und Lernenden abhängig sind. Vielleicht lassen sich hierin aber einige Denkanregungen und methodische Anstöße finden, die weiterhelfen. Es kann mir dabei
weder um konkrete Anweisungen für Bibelarbeit in der
Gemeinde oder in anderen Gruppen gehen[47], noch um

---

[47] Vgl. hierzu: *Marty Voser,* Vom Umgang mit Hiob-Texten in der Grup-
penarbeit, in: Bibelarbeit in der Gemeinde, Bd. 7: Hiob, hrsg. vom
Ökumenischen Arbeitskreis für Bibelarbeit (Basel/Zürich 1989), S.
87–94; *Beate Kowalski,* Wo ist Gott im Leid? Ein Wochenendseminar
in der Katholischen Erwachsenenbildung, in: Katechetische Blätter
119 (1994), S. 207–211. In diesem Themenheft der Katechetischen
Blätter finden sich zudem zahllose gut reproduzierte Darstellungen
zu Hiob aus der Kunstgeschichte.

speziell für die schulische Praxis ausgearbeitete detaillierte Unterrichtsentwürfe. Erstens stellt der Markt religions-pädagogischer Materialien hier zwei neuere und jeweils sinnvoll strukturierte Vorlagen – sowohl für Sekundarstufe I als auch II – bereit[48], zweitens liefern diese konkret aus-gefeilten Entwürfe aber auch stets sehr detaillierte Vorga-ben, die direkt übernommen und lediglich nachgeahmt werden müssen. Dieses Buch möchte demgegenüber Ma-terialien bereitstellen, didaktisch einordnen, kommentie-ren und ansatzweise deuten, um dem einzelnen den indivi-duell abgestimmten Umgang damit zu ermöglichen.

Zunächst ist schlicht einzugestehen, egal ob im schuli-schen Religionsunterricht oder in der Erwachsenenbil-dung: Die Arbeit mit biblischen Themen oder Figuren steht von vornherein vor schwierig zu überwindenden Hürden. Die Bedeutung der Bibel in den westlichen Gesellschaften und Kulturen schwindet – auch wenn sich in der Literatur nach wie vor bemerkenswerte Auseinan-dersetzungen mit biblischen Stoffen und Sprachformen finden.[49] *Horst Klaus Berg,* einer der führenden und kreativ-

---

[48] Vgl. *Manfred Häußler/Albrecht Rieder,* Stundenblätter und Materiali-en: Hiob – Mensch im Leid. Sekundarstufe I (Stuttgart/Dresden 1994) – 2 Bde.; *Ingrid Grill,* „Aber meine Augen werden ihn schau-en ...“ – Hiob. Arbeitshilfe für den evangelischen Religionsunter-richt an Gymnasien, hrsg. von der gymnasialpädagogischen Materi-alstelle der evangelisch-lutherischen Kirche in Bayern, Themenfolge 97 – 2 Bde. (Erlangen 1994); dort jeweils auch gutes *Bildmaterial.*

[49] Richard Faber demonstriert in seinen Einleitungsworten zu einem grundsätzlich interessanten Sammelband eindrücklich dieses schwindende Bibelbewußtsein in unserer Kultur. Vgl. *Jürgen Ebach/Richard Faber* (Hrsg.), Bibel und Literatur (München 1995), S. 7–13.

sten Bibeldidaktiker unserer Zeit, spricht in diesem Zusammenhang mit Recht von einer dreifachen Belastung: „Erfahrungsverlust", „Relevanzverlust" und „Effektivitätsverlust"[50], unbedingt zu ergänzen um die Kategorie „Wissensverlust". *Wissensverlust* – Unbezweifelbar geht das rein faktische Wissen um biblische Gestalten, Ereignisse und Rahmenbedingungen mehr und mehr zurück. *Erfahrungsverlust* – Selbst wenn die Bibel noch als Sammlung traditioneller religiöser Schriften gekannt und anerkannt wird, so ist oft überhaupt nicht mehr einsehbar, was das mit gegenwärtigen Problemen und Erfahrungen zu tun haben könnte. *Relevanzverlust* – Für viele Menschen unserer Zeit hat die Bibel die Funktion einer Orientierungsschnur für die ethische Gestaltung ihres individuellen wie kollektiven Lebens verloren. Und schließlich *Effektivitätsverlust* – Noch viel weniger Zeitgenossen würden wohl der Aussage zustimmen, die Bibel als motivierende Möglichkeit zur Inspiration für die eigene spirituelle Lebensgestaltung anzusehen.

Diese schmerzliche Verlustgeschichte wortreich zu beklagen, würde genauso wenig helfen wie der fundamentalistische Appell, durch systematisch-inhaltsbezogene Bibelkunde diese Defizite auszugleichen. Es geht einerseits um die grundsätzliche Plausibilität der Beschäftigung mit der Bibel und andererseits um spannende und sinnvolle Methoden der Bibelauslegung.[51] Für die religionspädagogische Arbeit mit Hiob hat dieser Befund wichtige Konsequenzen. Sicherlich gibt es nach wie vor Kreise, bei denen der Name Hiob mehr auslöst als bestenfalls die Assoziatio-

---

[50]Vgl. *Horst Klaus Berg*, Methoden biblischer Texterschließung, in: *Gottfried Adam/Rainer Lachmann* (Hrsg.), Methodisches Kompendium für den Religionsunterricht (Göttingen 1993), S. 163–186, hier: S. 163.

nen der Hiobsbotschaft oder Hiobspost. In gemeindlichen
Bibelkreisen, bei Theologiestudierenden, Religionsleh-
rern oder bei einem Akademiepublikum ist das Hiobbuch
oft bis in Details hinein bekannt – freilich gilt Hiob hier
vielfach nach wie vor primär als vorbildliche Duldergestalt.
In solchen Kreisen ist der Sprung vom kurz in Erinnerung
gerufenen oder pointiert ausgedeuteten Hiob der Bibel
zum Hiob der Literaten nicht schwer. Hier gelingt Korrelation von Erfahrungswelt und Glaubenswelt ohne allzu-
große Schwierigkeiten. Anders sieht es aber in nicht mehr
so eindeutig binnenkirchlich sozialisierten Kreisen aus –
das fängt bei jenen Schülergruppen an, die wir im heutigen Religionsunterricht vor uns haben, führt über so man-
chen Deutschlehrer bis in den Gesamtbereich unserer
Gegenwartskultur hinein.

2. Deutungsansätze für die Praxis

Wie also nähern wir uns uns diesem Hiob? Zwei Möglichkeiten bieten sich prinzipiell an. Erster Zugang: Ich gehe
von heutigen – sei es selbsterlebten oder in literarischen
Erfahrungen geronnenen – Erfahrungen mit Leid aus, lei-
te von dort zum Bibeltext über, versuche dann eine frucht-
bare Synthese. Zweiter Zugang: Ich gehe vom Bibeltext aus
und weite dann den Blick auf die Wirkungsgeschichte bis
in unsere Zeit, ja bis in den persönlichen Erfahrungs-
rahmen aus – unter ständigen Gegenbezügen von Bibel,
Literatur und Eigenerfahrungen. Da ein methodischer

---

[51] Vgl. den vorbildhaften, gerade für die praktische Bibelarbeit konzipierten Sammelband: *Gabriele Miller/Franz W. Niehl* (Hrsg.), Von
Babel bis Emmaus. Biblische Texte spannend ausgelegt (München
1993).

Blick auf die Erarbeitungsmöglichkeiten der Eigenerfahrungen den Rahmen der hier angestrebten Ausführungen
sprengen würde, gehe ich von dem zweiten, hier idealtypisch verkürzt genannten Modell aus. Zunächst also steht
der biblische Hiob im Zentrum. Im Zugang zu diesem
Hiob bietet sich eine plurale Methodik geradezu an: eine
Mischform aus Bildanalyse, narrativer Präsentation, szeni-
scher Durchdringung und theologischer Deutung.

Erstzugang also: Hiob im Spiegel seiner kunstgeschichtli-
chen Wirkung.[52] Gerade über Bildinterpretationen fällt es
einerseits leicht, vorhandene biblische Vorkenntnisse
fruchtbar einzubringen, andererseits aber auch, emotiona-
le Vorerfahrungen zur Sprache kommen zu lassen. Zwei
verschiedene Verfahren habe ich dazu selbst ausprobiert.
Die erste methodische Möglichkeit besteht darin, möglichst viele verschiedene Bilder von den altchristlichen
Darstellungen über Dürer, de La Tour und Blake bis zu
zeitgenössischen Hiobgestaltungen[53] zusammenzutragen.
Alle Teilnehmer können sich ein sie selbst jeweils anspre-
chendes Bild auswählen, zunächst miteinander darüber
ins (Zweier-)Gespräch kommen, dann einige dieser
Erfahrungen in das Gesamtgruppengespräch einbringen.
Zweite Möglichkeit: Man gibt mehreren Gruppen jeweils
einen Gesamtzyklus zu Hiob – sei es der in verschiedenen
Fassungen aufgelegte von *William Blake* oder einer der zeit-

---

[52] Zum didaktisch-methodischen Hintergrund vgl.: *Günter Lange,*
Umgang mit Kunst, in: *Gottfried Adam/Rainer Lachmann* (Hrsg.),
Methodisches Kompendium, S. 247–261 (vgl. Anm. 50). Praktisch
ausgestaltete Beispiele bei: *Günther Lange,* Kunst zur Bibel. 32 Bildinterpretationen (München 1988).

[53] Gern hätte ich derartiges Bildmaterial in dieses Buch aufgenommen, das ließ sich aber nicht verwirklichen. So muß ich auf die
bereits benannten Quellen verweisen, vgl. Anm. 14 und 48.

genössischen Bildfolgen etwa von *Dieter Groß*[54] oder von *Hans Fronius*[55] – läßt jedoch die Bildfolge und die Einzel-bildtitel weg. Aufgabe der Gruppen ist es – auf Wunsch unter Benutzung der Bibel –, eine für sie sinnvolle Rei-henfolge zu finden und die Einzelbilder mit Titeln zu ver-sehen. Die Gruppenergebnisse werden dann verglichen und kommentiert.

Beide Zugänge leiten direkt über zur zweiten Phase der Annäherung an Hiob, zur *narrativen Präsentation* der Geschichte der Rahmenerzählung des biblischen Buches. Meistens gilt es dazu lediglich, die im Gespräch über die Bilder bereits benannten Einzelheiten noch einmal zu bündeln und in einem schlüssigen Erzählzusammenhang zu verbinden. Von hier aus spannt sich der Rahmen, der einen näheren Zugriff auf den biblischen Text geradezu herausfordert, und zwar im Hinblick auf das Streitge-spräch von Hiob und seinen Freunden. Eine *szenische Lesung* von Zentralpassagen kann die Dynamik, Wucht und Emotionalität dieses Gesprächs am anschaulichsten deutlich werden lassen und gerade Schüler für den ihnen zunächst fernen Stoff etwas mehr begeistern. Am besten stellt man sich dazu einen Zusammenschnitt wesentlicher

---

[54] Der Stuttgarter Kunstprofessor *Dieter Groß* stellte 1990 zwei umfang-reiche Skizzenbücher zu Hiob zusammen: „Ijob: Das Bild des Mannes am Boden" und „Ijob; Auf der Suche nach seinem Bild und dem seiner Freunde". Diese Bilder sind auf zahlreichen Ausstellun-gen einem breiten Publikum vorgestellt worden. Ein beson- ders eindrucksvolles Bild dieser Reihen ist abgedruckt in: Bibel und Kirche 46 (1991), S. 189.

[55] Abgedruckt in: Das Buch Hiob in der Kunst des 20. Jahrhunderts, hrsg. von Ulrich von Kritter/Karl Arndt (Göttingen 1987), oder auch in: Das Buch Hiob (Klosterneuburg, Verlag Österreichisches Katholisches Bibelwerk, 1980).

Passagen selbst zusammen.[56] Am Ende dieser szenischen
Lesung steht der Appell Hiobs an Gott selbst. Von dort
aber legt sich ein *systematisch-analysierender Blick* auf das
Hiobbuch und seine theologische Tiefendimension nahe.
Hierzu bietet sich eine Einbeziehung des in diesem Buch
aufgenommenen Schaubildes[57] an, da es die literarische
Struktur neben die Erzählelemente und Themen in eine
Übersicht stellt. Schließen sollte eine solche Annäherung
an den biblischen Hiob sicherlich nicht ohne eine Diskussion: Überzeugt uns heute diese biblische Lösung? Welche
Rückfragen drängen sich auf? Legen sich andere Lösun-
gen, gegebenenfalls aus der spezifisch christlichen Glau-
benstradition, nahe?
An dieser Stelle bietet sich nun ein Sprung in unsere
Gegenwart und in die literarischen Hiobzeugnisse unserer
Zeit – die sicherlich in einer anderen methodischen Chro-
nologie auch zur Hinführung zum biblischen Hiob angesiedelt sein können – geradezu an. Vor allem das Streitge-
spräch zwischen Hiob und seinen Freunden eignet sich für
einen solchen Brückenschlag. Vom szenischen Hiobdialog
in der Bibel zum szenischen Dialog um Hiob im modernen
Drama, von den Argumenten der alttestamentlichen Hiob-
tröster zu den Argumenten der Tröster unserer Zeit.
Zunächst also:

---

[56] Ich wähle beispielsweise die folgende Szene mit fünf Sprechrollen
– Erzähler (Erz), Hiob (H) und seine drei Freunde (E, B, Z):
2,11–3,1 (Erz); 3,3–7.23–26 (H); 4,2–8; 5,8–9.17.27 (E);
6,15–17.21–28 (H); 8,2–7.20–22 (B); 9,21–24; 10,1–3 (H);
11,2–8.13–15 (Z); 12,2–6; 13,3–5.17–23 (H); 22,5.21 (E); 23,2–5;
31,35 (H).

[57] Vgl. S. 21

Im Zwiespalt von Unschuld und Schuld: Archibald MacLeish

Für einen Vergleich der biblischen und der modernen
Tröster eignet sich die in diesem Buch aufgenommene
Szene aus dem Drama „Spiel um Job" des Amerikaners
Archibald MacLeish[58], die – wie schon das biblische Gespräch
– am besten als szenische Lesung präsentiert werden sollte,
um die Dramatik und Dramaturgik der Auseinandersetzung plastisch werden zu lassen. Ort der Handlung ist die
Nebenbühne eines alten Zirkuszeltes, in dem soeben eine
Vorstellung stattgefunden hat. Offensichtlich wurde eine
dramatische Fassung des Hiobbuches gespielt. Zwei her-
untergekommene ehemalige Schauspieler, die nun Luft-
ballons und Popcorn verkaufen, betreten den Schauplatz.
Ihre Namen, Mr. Zuss (dt. Herr Zoisl) und Nickles (dt.
Haftiger) deuten schon auf die ihnen zugedachten Rollen
– einerseits eine Anspielung auf Zeus, andererseits auf den
Teufel („Leibhaftiger"), der im englischen Sprachraum
auch „Old Nick" genannt wird. Herr Zoisl und Haftiger
überlegen, ob sie selbst nun das Hiobstück spielen sollen.
Doch dazu benötigen sie Masken, denn, so Haftiger
empört zu Herrn Zoisl: „Du würdest Gott doch nicht/Mit
deinem Gesicht spielen?"(S. 13) Sie klettern auf einen
hohen Steg neben der Bühne, von wo aus sie das ganze folgende Geschehen beobachten werden, und nehmen ihre
jeweiligen Masken auf: Herr Zoisl eine „riesige Maske ...
weiß, glatt, schön und ausdruckslos mit geschlossenen
Lidern"(S. 23), und Haftiger, der gegen seine Erwartung
die Rolle Satans übernehmen muß, eine ebenso große,

---

[58] Für alle weiteren Hintergrundinformationen und Literaturangaben zu den näher behandelten Autoren siehe *Georg Langenhorst,
Hiob unser Zeitgenosse* (vgl. Anm. 16).

„aber dunkel statt hell, mit offenen statt mit geschlossenen Augen. Die Augen, obwohl von Lachrunzeln gesäumt, haben einen starren Blick, und die Mundwinkel sind mit dem Ausdruck schmerzlichen Widerwillens herabgezogen."(S.26) Die beiden sind bereit, ihre Rollen als „Gott" und „Satan" zu spielen – und Hiob?

Herr Zoisl:
>   Ach einer ist immer da,
>   Der Hiob macht.

Haftiger:
>   Tausende
>   Muß es geben!
>   Abertausende von Menschen –
>   Verbrannt, erdrückt, geknickt, zerstückt,
>   Geschlachtet. Und wofür? Fürs Denken,
>   Weil sie auf der Welt rumliefen
>   In der falschen Haut – der falschen Nasenform,
>   Der falschen Augenstellung: weil sie
>   In der falschen Nacht, der falschen Stadt schliefen –
>   London, Dresden, Hiroshima (...)
>   Hiob ist überall, wo wir hinschauen. (S. 19f)

So vorbereitet, sprechen die beiden alten Schauspieler durch ihre Masken die Worte des Prologs des biblischen Hiobbuches. Auf der Bühne unterhalb des Steges öffnet sich die Szenerie. Job, als erfolgreicher Bankier ein zeitgenössischer amerikanischer Hiob, verliert seinen Besitz und seine Gesundheit. Seine vorherige strahlende Gottesgewißheit verstummt unter dem Eindruck dieser Schicksalsschläge. Er flüstert mit gebrochener Stimme: „Der Herr hat gegeben ... Der Herr hat genommen!"(S. 97) und schließlich doch auch die in der Bibel bezeugte Fortführung des Spruches: „Der Name des Herrn sei gelobt"(S. 104). Bei all dem rebelliert er jedoch nicht gegen Gott, denn: „Wir dürfen nicht! ... Gott ist auch da: in der Verzweiflung."(S. 103) Unbeirrt sucht er weiter nach einer ihm freilich unbekannten persönlichen Schuld, denn wenn er nicht schuldig wäre, ist Gott für ihn undenkbar:

> Ich habe keine Wahl, muß schuldig sein.
> Gott ist Gott, oder wir sind nichts – (...)
> Wir haben keine Wahl, wir müssen schuldig sein.
> Wenn wir unschuldig sind, ist Gott undenkbar.(S. 128)
> Zeig mir meine Schuld, o Gott! (S. 130)

Wie im Hiobbuch treten nun die drei Tröster auf. MacLeish schildert sie, die satirischen Tendenzen des biblischen Buches bewußt überspitzend und aktualisierend, als karikiert-zeittypische Charaktere: Zophar – ein zwielichtig-abgerissener Kleriker, Eliphas – ein desillusionierter Psychiater und Naturwissenschaftler, Bildad – ein zynisch-kommunistischer Geschichtsphilosoph. Entscheidender Kunstgriff von MacLeish aber: Die Rollen haben sich in unserer Zeit vertauscht. Der *biblische Hiob* beteuerte allem Anschein zum Trotz seine Unschuld, und seine Freunde versuchten ihn davon zu überzeugen, daß er schuldig sein müsse. Job hingegen bezeugt sein Schuldig-Sein, ohne zu wissen, worin dies besteht, und sucht nach einem Aufweis dieser Schuld. Folgerichtig versuchen diese modernen Tröster nun das genaue Gegenteil dessen zu erreichen, was die biblischen Tröster anstrebten, ihn nämlich von seiner Unschuld zu überzeugen. Bildad spricht von der Gleichgültigkeit der Geschichte, in der es Gerechtigkeit nun einmal nicht gebe: „Geschichte hat keine Zeit für Unschuld"(S. 138), und Eliphas schildert aus medizinisch-psychologischer Sicht die Unsinnigkeit des persönlichen Schuldbegriffs, denn: „Wir haben die Schuld überwunden"(S. 140). Beide Erklärungen helfen Job jedoch nicht

weiter, denn: „Auf die Schuld kommt's an. Wird's immer
ankommen./Wenn Schuld nicht zählt, ist alle Welt/Sinn-
los. Und Gott ein Nichts."(S. 139)
Also bleibt Zophar, dem zynischen Priester, der letzte Hinweis auf die Erbsünde als Erklärungsversuch: „Deine Sün-
de/Ist einfach: Du bist als Mensch geboren."(S. 144) In der
Letztaussage trifft aber auch Zophar sich mit den Positionen
seiner Kollegen. Die von ihm vertretene Allschuld schließt
wie die von jenen vertretene Unschuld die Möglichkeit
einer tatsächlich persönlichen Verantwortung und individuellen Schuldfähigkeit aus. So protestiert Job auch hier: „Deiner ist von allen der grausamste Trost./Du machst den
Schöpfer des Weltalls/Zum Fehlschöpfer der Menschheit"(S. 144). Wenn auch die Inhaltsseite dieser Dialoge vertauscht wurde, ihre *Struktur* blieb gleich: Letztlich reden
Hiob und die „Tröster" aneinander vorbei, letztlich schei-
tert die Vermittlung von existentieller Betroffenheit und
grundsätzlich-systematischen Hilfestellungen. Wie im Hiobbuch bleibt nur der letzte Appell an Gott selbst: „Gott, mein
Gott, antworte mir!"(S. 145) Nicht Gott schafft freilich am
Ende in der hier gleichfalls aufgenommenen Schlußszene
eine Lösung für den modernen Hiob, sondern allein seine
Erkenntnis, daß er – der Mensch – durch Liebe der Welt
und dem Leid einen letzten Sinn geben kann und muß.
Spannend an dieser Szene ist vor allem zweierlei: Zunächst
die Identifizierung der modernen Trostpositionen als
Freudianismus, Marxismus und Erbsündentheologismus –
damit sind in der Tat wesentliche geistige Grundpositio-
nen benannt, wenn auch in karikierter Verfremdung.
Zweitens ist es jedoch aufschlußreich, die geschilderte
Umkehrung der Konstellation zunächst zu erkennen und
dann kritisch zu hinterfragen. Stimmt denn MacLeishs
Darstellung in sich, paßt die Übertragung auf den biblischen Stoff, überzeugt seine eigene Lösung? Ist die Fixie-

rung dieses modernen Hiob auf das individuelle Schuld-
bewußtsein nachvollziehbar? Leben wir tatsächlich in
einem Zeitalter des prinzipiellen Unschuldwahns? Von
MacLeish aus gewinnt der biblische Konflikt um die
Schuldfähigkeit des Menschen und um die Schuldfähigkeit Gottes noch einmal an Tiefenschärfe und Aktualität.

Trost im Leiden: Joseph Roth

Noch eine weitere zeitgenössisch-literarische Ausgestal-
tung des Gesprächs zwischen Hiob und seinen Freunden
lohnt der näheren Betrachtung: die in diesem Buch wiedergegebene Szene aus Joseph Roths Hiobroman. Auch
hier legt sich ein spannungsvoller Vergleich von biblischer
Vorlage und literarischer Deutung nahe. Mendel Singer,
die Zentralfigur des 1930 erschienenen Romans, ist sehr
bewußt als ganz normaler Jedermann, konkreter: als ost-
jüdischer Jedermann gezeichnet. Ist es nun aber berechtigt, diesen einfachen Mann „Hiob" zu nennen? Es ist wichtig, daß der Roman selbst – sicherlich in seiner gesamten
Anlage an seinem biblischen Vorbild orientiert – an einer
zentralen Stelle den direkten Bezug zum Hiobbuch her-
stellt: in jener Szene, die hier aufgenommen ist. Sie schildert Mendel eindrucksvoll auf dem Höhepunkt seiner
Revolte. Wie im Hiobbuch oder im „Spiel um Job" kommen auch hier seine Freunde zu Besuch, um ihn zu beru-
higen, seinen Protest zurückzudrängen, aber auch um ihm
in Leid und Trauer beizustehen.
Was aber ist ihr Trost? Roth bündelt in brillanter Art und
Weise in dieser Szene *acht klassische Positionen* im Umgang
mit Leid. Skowronnek, der erste Freund, mahnt als Vertreter einer erkenntnisskeptischen Position an, der Mensch
solle das ihm zufallende Leid in Demut und Geduld aus-
halten, da in ihm ein verborgener, nur von Gott durch-

schauter Sinn liege. Wir kennen keinen Grund des Leidens, aber Gott weiß um dessen Sinn – das muß und kann
genügen. Rottenberg, Vertreter einer eher gläubigen Position, ermuntert seinerseits zum positiven Vertrauen auf
Gott, der Mendel vielleicht nur wie Hiob vor eine Prüfung
stellt. Aber andererseits hält er später auch ein direktes,
das Leid verursachende Verschulden Mendels für möglich.
Hat er nicht doch durch eigenes Fehlverhalten sein Leiden verursacht? Stimmt dann nicht doch das durchaus
tröstliche System des Tun-Ergehen-Zusammenhangs?
Der dritte Freund, Groschel, repräsentiert eine relativierende Position: Mendel solle seine jetzige Situation indivi-
dualbiographisch relativieren – im Blick auf sein ja auch
schon erfahrenes Glück.[59] Er hat sein Maß an Glück bereits
genossen, damit entfällt der Grund zur Klage. Groschel
verbindet diese Trostperspektive freilich mit einer Droh-
perspektive: Wenn nichts anderes Mendel dazu bringen
kann, seine frevlerischen Klagen einzustellen, dann doch
wenigstens die Angst vor einer Bestrafung in der nächsten
Welt. Menkes schließlich weitet diese relativierende Position in eine weltgeschichtlich-kosmologische Sicht auf das
Weltganze: Eine Ausnahme steht auch Mendel nicht zu,
denn sonst müßte Gott den Schöpfungsplan ändern. Lag
bei Groschel der Trost in der Vergangenheit, so richtet
Menkes den Blick nach vorn in die Zukunft. Mendel soll
seine Klage relativieren im Blick auf die realistisch mögliche Glücksperspektive, die ihm noch bleibt.
Mendel weist freilich alle noch so gut gemeinten inhaltlichen Ratschläge, die sich alle in einer letztlich vertrauens-
vollen Hoffnungsausrichtung auf Gott treffen, entschieden
zurück: Ein sinnverbergender Gott müsse gerade darin ein

---

[59] Diese Position findet sich ja auch beispielhaft im Gedicht von
Klabund, vgl. Text Nr. II/2.

grausamer sein; von ihm sei nichts zu erhoffen. Von einer
relevanten Schuld könne letztlich bei ihm nicht die Rede
sein, wie also Gott recht geben? Und eine Relativierung des
eigenen Leides – sei es hinsichtlich vergangenen Glücks, sei
es hinsichtlich möglichen zukünftigen Glücks – scheint in
seiner Situation, am Tiefstpunkt menschlicher Existenz,
genausowenig möglich. Angst vor einer Strafe in einer
anderen Welt – auch das kann ihn nicht schrecken, schließlich leidet er ja jetzt schon „alle Leiden zu Ende"[60]. Nein, für
Mendel gibt es hier keine positive Hoffnungsausrichtung
auf Gott mehr. Um so bemerkenswerter, daß der Roman
letztlich gerade nicht bei dieser Position verbleibt, sondern
sogar wie das biblische Hiobbuch mit einem fast märchen-
haft guten Ende literarisch gelungen schließen kann – eine
Dimension, die man nur in einer Gesamtbehandlung des
Romans sinnvoll würdigen kann.

An dieser Szene läßt sich beispielhaft herausarbeiten, wie
sehr Leid zu Klage und Rebellion werden kann und darf,
vor allem aber auch, welche tröstenden *Grundpositionen* es
überhaupt geben kann:

1. der Verweis auf einen verborgenen, nur Gott
   bekannten Sinn;
2. die Deutung von Leiden als – eher auszeichnende –
   Prüfung;
3. die Begreifbarmachung von Leid im Rahmen des
   Modells eines Tun-Ergehen-Zusammenhangs, der
   seinerseits ein Reue-Belohnung-Schema öffnet;
4. die Relativierung von aktuellem Leid angesichts
   erfahrenen Glücks;
5. die Relativierung von Leid angesichts möglicher
   zukünftiger Glückserfahrung
6. die Relativierung von irdischem Leid durch mögliche Kompensationserfahrung in einer „anderen
   Welt"

Das Herausarbeiten und Diskutieren dieser Positionen – ergänzt um die eine hier nicht mit aufgenommene Position: „Relativierung von eigenem Leid angesichts größerer Leiderfahrungen anderer" – ermöglicht einen äußerst komprimierten und tiefen Zugang zur Frage nach Trost und Sinndeutung von Leiden auch in unserer Zeit. Wichtig ist jedoch die zusätzliche Beobachtung, daß Roth im Rahmen dieser Szene die benannten inhaltlichen Trostaussagen durch zwei ganz entscheidende *Haltungen* der Tröster ergänzt. Zunächst kommen sie zu ihm und ermuntern ihn dazu, sein Leid überhaupt zu benennen. Den Leidenden sein Leid aussprechen zu lassen und ihm zuzuhören – das wäre die erste Grundhaltung des rechten Trösters. Und die zweite am Ende der Szene: Nachdem alle Worte gesagt worden sind, bleibt das Schweigen, doch die Freunde halten bei Hiob aus, sind sprachlos bei ihm und teilen sein Leid. Und diese beiden Haltungen stoßen bei Mendel auf keine Widerrede, durch sie bleibt er – bei aller inhaltlichen Meinungsverschiedenheit – im Gegenteil mit seinen Freunden verbunden.

Ideal abrunden kann man die Beschäftigung mit diesem Abschnitt aus Roths Hiobroman durch eine Einspielung von *Michael Kehlmanns* brillanter Verfilmung[61] dieses Romans aus dem Jahre 1980. Wie der gesamte Dreiteiler überhaupt ist gerade diese Zentralszene äußerst eindrucksvoll in das Medium Film umgesetzt.

[60] So die Textzeile aus *Johannes R. Bechers* Gedicht, vgl. Text Nr. V/2.
[61] Kopien dieses Films sind in vielen kirchlichen Filmzentralen erhältlich. Außerdem wird der Dreiteiler immer wieder im Fernsehen gezeigt.

Ringen um Sprache: Nelly Sachs

Vom Drama und Roman kommen wir zu jener Gattung, die den Vorteil bietet, ob ihrer kompakt-verdichteten Kürze überschaubar zu sein, ohne dadurch einen leichteren Zugang zu ermöglichen. Anders als bei der nur ausschnittsweise möglichen Betrachtung jener Texte ist hier jedoch jeweils ein Blick auf den gesamten Einzeltext realisierbar. Besonders eindrucksvoll kann dabei der Blick darauf sein, wie verschiedenartigste Dichter in ihrem jeweiligen Umfeld mit stets eigener literarischer Technik ihr jeweiliges Hiobgedicht gestalten. Am spannendsten ist dabei sicherlich das meisterhafte Ringen um Hiob in den Texten von Nelly Sachs. Die drei in diesem Buch aufgenommenen Texte stehen dabei im Zentrum.

Das gültige lyrische Werk der Nelly Sachs beginnt mit dem ganz unter dem Eindruck der Schrecken des Holocaust geschriebenen Gedichtzyklus „Dein Leib im Rauch durch die Luft". Gleich das erste Gedicht „*O die Schornsteine*" steht leitmotivisch für den Band – und das Gesamtwerk überhaupt – unter einem dem Hiobbuch entnommenen Motto. Das Zitat stammt aus Hiob 19,26: „Und wenn diese meine Haut zerschlagen sein wird,/so werde ich ohne mein Fleisch Gott schauen." Sachs wählt als Motto also ausgerechnet jene umstrittenste Stelle des Hiobbuches, in der von einer Hoffnung, von rätselhaft bleibender Zuversicht die Rede ist! Das Gedicht präsentiert sich als ein wie angesichts des Unfaßbaren und eigentlich Unsagbaren fassungslos gestammelter Text, zentriert auf die drei am Schluß gebündelten Bildmotive der Schornsteine der Krematorien von Auschwitz, der Finger der berüchtigten Nazischergen, die mit einem Wink an der „Rampe" von Auschwitz über sofortigen Tod oder zumindest kurzfristiges Weiterleben entschieden, und des Leibes Israels, der durch die Schornsteine als Rauch in die Luft zieht.

In einer Auseinandersetzung mit diesem Gedicht wird man vor allem sorgfältig und vorsichtig versuchen müssen, die einzelnen Bilder aufzuschlüsseln, in der zerrissenen Form einen Schlüssel zu der zerrissenen Aussage zu suchen, und besonders die für die persönliche Deutung zentrale Frage zu klären: Wie verhalten sich Motto und Gedicht genau zueinander? – Ist das Gedicht eine Konkretisierung der biblischen Hiobshoffnung oder gerade umgekehrt seine provozierende Widerlegung angesichts des Erfahrenen? Das Wort „Gott" wird im Gedicht selbst signifikanterweise ja nicht aufgenommen, wie überhaupt direkte Hinweise auf eine mögliche transzendente Dimension unterbleiben. Nein, im Gedicht werden die unfaßlichen Bildfetzen des Vernichtungslagers in klagenden Aussagesätzen konstatiert, wie Bildfolgen aneinandergereiht. Hier finden sich angedeutete fassungslos-fragende Gedanken über die Täter, den Plan der Vernichtung, über den Tod, sonst Gast in den menschlichen Wohnungen, nun aber widernatürlich zum Wirt geworden, Gedanken, die zum Teil nicht weitergedacht werden, stammelnd unter- und abgebrochen werden, im offenen Gedankenstrich enden, alles verbunden durch das wiederkehrende exklamative „O".

Ist Sinn des Ganzen also doch eine Widerlegung des Mottos? Ist angesichts der „Shoah" die Hiobhoffnung letzt-

---

[62] So etwa Karl-Josef Kuschel in seinem Beitrag zu einem neuen Aufsatzband zur Deutung des Werks der Nelly Sachs: *Karl-Josef Kuschel, Hiob und Jesus. Die Gedichte der Nelly Sachs als theologische Herausforderung*, in: *Michael Kessler/Jürgen Wertheimer* (Hrsg.), Nelly Sachs. Neue Interpretationen (Stuttgart 1994), S. 203–224, hier S. 207.

gültig zerschlagen, dies Gedicht also eine „Re-Vokation biblischer Gottesverheißung"[62]? – Eine solche Lesart dieses Gedichtes ist ohne Zweifel möglich und legitim, aber ganz sicher nicht die einzige. Denn merkwürdig: Die Schornsteine der Krematorien von Birkenau werden allerletzte „Freiheitswege" genannt, und das ist aus dem Kontext heraus ganz sicherlich nicht ironisch gemeint. Man wird um die Einsicht nicht umhin können: Es gibt für Nelly Sachs offenbar diese paradoxe Möglichkeit der kosmischen Befreiung, des Ausbruchs aus aller Qual, versinnbildlicht im mystischen Schlüsselbegriff „Staub", einem Wort, das bei ihr immer sowohl Vergänglichkeit als auch Erlösung bedeuten kann. Ganz sicherlich wäre es andererseits völlig verfehlt, davon zu sprechen, hier liefere Nelly Sachs ein „Bekenntnis" ab, dergestalt, daß „die Auferstehung und das Leben" hier das letzte Wort hätten, wie es ein christlich-theologischer Ausleger allzu vereinnahmend interpretiert.[63] Die verbleibende Hoffnung wird von Nelly Sachs programmatisch gerade nicht direkt benannt, bleibt bewußt offen und darf keineswegs als traditionell jüdisch-christliche Vorstellung kategorisiert werden. Nein, was man vielleicht sagen darf, ist dies: Das Motto dürfte nicht eigentlich als Kontrastzitat, sondern als tiefere Grundlegung des Gedichtes zu verstehen sein. Nelly Sachs verbietet es sich angesichts des Unfaßbaren, selbst von „Gott" zu sprechen. Das bedeutet jedoch nicht, daß ihr das Nachsprechen der Bibel unmöglich geworden wäre. Im Bibel-, nicht im eigenen Dichterwort ist eine Andeutung – nicht mehr – der bleibenden Hoffnung gegen alle Hoffnung möglich, der Hoffnung, „Gott zu schauen".

[63] Vgl. *Michael Langer,* Stern in der Gottesfinsternis, in: *Klaus Hurtz* (Hrsg.), Verdichteter Glaube. Prominente interpretieren Gedichte (Regensburg 1993), S. 43–51, hier: S. 50.

Nun zu jenem Gedicht aus dem Zyklus „Die Muschel saust", das „*Hiob*" speziell gewidmet ist. Schon im ersten Vers wird Hiob direkt und persönlich angesprochen: „du Windrose der Qualen". Mit dem Bild der Windrose ist vor allem die universale Dimension der Qual gemeint: Hiob verkörpert das Leiden schlechthin. Doch – von bisherigen Interpreten unbemerkt – die Assoziationsfügung ist noch viel konkreter. In der Metapher der Windrose wird ein Bild aus dem biblischen Hiobbuch selbst aufgenommen. Dort heißt es: „Geh ich nach Osten, so ist er nicht da,/nach Westen, so merk ich ihn nicht,/nach Norden, sein Tun erblicke ich nicht;/bieg ich nach Süden, sehe ich ihn nicht."(23,8f.) – Das Bild der vier Himmelsrichtungen entstammt also dem biblischen Hiobbuch selbst und steht dort für die Erfahrung einer universalen Gottesverdunkelung, dem Gefühl völliger Gottesverlassenheit. Genau diese Aspekte betont auch Nelly Sachs ganz bewußt: Als der leidende Mensch ist Hiob gleichzeitig der menschen- und gottverlassene Mensch. Die folgenden Verse bestätigen diese Lesart: Hiobs Schicksal ist „Einsamkeit", sein Leiden wird dabei rätselhaft von außen verursacht (von „Urzeitstürmen"). Diese Einsamkeit ist absolut, umgreift die Raumdimension („Süden" als Extrempol) genauso wie die Sphäre der Zeit („Urzeit" wiederum als Extrempol). Präsentisch zusammengefaßt: Hiob als Zentrum, als „Nabel der Schmerzen".
Wie hat der biblische Hiob auf diese Situation reagiert? – Er hat immer wieder „Warum" gefragt! Die klagende Bitte Hiobs um eine Aufklärung bezüglich des Grundes seines Leidens, die sich im biblischen Buch findet, wird auch hier aufgenommen. Doch dann der entscheidende Unterschied zum biblischen Vorbild: Angesichts von Auschwitz verändert sich die Situation: Die tausendfache Warum-Frage blieb ungehört, die Theophanie der Bibel blieb aus.

Der Hiob des 20. Jahrhunderts erhielt keinerlei Antwort. Was blieb ihm? Oder, bewußt hypothetisch gefragt: Was wäre dem biblischen Hiob ohne die Gotteserscheinungen geblieben? – Die Einsicht, *zuviel* „Warum gefragt" zu haben und das schließliche Verstummen! Bild für dieses Sprachlos-Werden ist, wie oft bei Nelly Sachs, der Gang der Stimme zu „den Würmern und Fischen", Bilder für die Erfahrungen des Erstickens und des Verstummens. Neben diese Verurteilung zum Verstummen tritt das Bild der Erblindung durch nächtelanges Weinen, auch dies im wiederum von Nelly Sachs häufig gebrauchten Bild des Jägers (Eingriff von außen) ausgedrückt. Beide Bilddimensionen, das Verstummen und die „in den Schädel gesunkenen Augen", sind biographisch im Leben der Dichterin verankert.[64] Nach einer Konfrontation mit der Gestapo litt Nelly Sachs tagelang unter einer Kehlkopflähmung, die Erfahrung des „Stumm-Gemacht-Werdens" war ihr also leidvoll bekannt, und dasselbe gilt für die durchweinten Nachtwachen am Bett der kranken Mutter.

Doch das Gedicht endet nicht mit diesem Bild: Die beiden letzten, vieldiskutierten Verse sprengen – schon durch ihre einen Umschwung andeutenden Anfangsworte „aber einmal" – die vorherige Perspektive. Erfolgt hier aber tatsächlich ein Ausblick der Hoffnung, findet sich hier gar jenes von Paul Konrad Kurz so interpretierte „Festhalten am Jahve-Gott, das klagende Tasten im Dunkel und ahnende Finden im Glauben"[65]? – Ein vorsichtiger Deutungsversuch dieser Schlüsselstelle des Gedichtes wird den Kontext und die Metaphorik genauestens zu beachten haben. Zunächst

---

[64] Vgl. *Ruth Dinesen,* Nelly Sachs. Eine Biographie (Frankfurt 1992), S. 104.

[65] *Paul Konrad Kurz,* „Fahrt ins Staublose". Die Lyrik der Nelly Sachs, in: Stimmen der Zeit 178 (1966), S. 421–437, hier: S. 422.

wird nüchtern festzustellen sein, daß Nelly Sachs einen einfachen und unzweideutigen Umschwung zu einem Hoffnungsausblick bewußt unterläuft. Die negativ besetzten Wörter „Blut" und „erbleichen" entlarven jede allzu optimistische Interpretation dieser Schlußverse als Wunschdenken. Auch werden über die Art und Weise, den Urheber oder den Zeitpunkt des erhofften Umschwungs keinerlei Angaben gemacht. Nelly Sachs versteckt ihre Hoffnungsaussage in Verse, die mit der Technik der paradoxalen Übersteigerung und bewußten Erwartungsdurchbrechung arbeiten.

Ein entscheidend neuer Aspekt begegnet in dem Gedicht *„Landschaft aus Schreien"* aus der mittleren Schaffensperiode der Dichterin. In den vorherigen Gedichten war speziell vom Leiden Israels die Rede. Nun jedoch erweitert sich der Blick vom Schicksal der Juden auf das Schicksal der Menschheit. Der Titel dieses Gedichts gibt sehr genau seine Form und seinen Inhalt an: Die Form des Gedichtes ist nun noch radikaler als in den zuvor besprochenen Werken zerfallen in freie Assoziationen, surrealistische Bildfragmente, expressive Exklamationen, verstummende Beschwörungsversuche, alptraumartige Wortfetzen, in ungekannte Bildwucherungen jenseits normaler Sprachlogik. Aneinandergereiht „in der Nacht, wo Sterben Genähtes zu trennen beginnt", erscheint ein alptraumartiges Szenario: die „Landschaft aus Schreien" reißt ihren „schwarzen Verband auf", und es erklingen die Schreie der gequälten Menschheit, von Abrahams „Herz-Sohn-Schrei" wegen Isaak über den schon im „Hiob"-Gedicht zitierten „Vier-Winde-Schrei" Hiobs zum „Schrei verborgen im Ölberg/wie ein von Ohnmacht übermanntes Insekt im Kristall", dem ungehörten, vielleicht unterdrückten Schrei Jesu in Gethsemane – die gesamtmenschliche Existenz wird gebrandmarkt durch ihre einzig mögliche Reaktion auf Leid, den klagenden, aber seltsamerweise kaum direkt an-klagenden Schrei. Und dann, als Beispiel für die Erweiterung des Werkes ins Universale, neben „Maidanek" auch „Hiroshima" als Ort, wo „die Zeit wegfällt/an den Gerippen".

Insgesamt steht Hiob im Werk der Nelly Sachs für vier Dimensionen gleichzeitig: – für *die* Verkörperung von Qual und Leid schlechthin; – für das nach erfolglosem Fragen, Klagen und Protestieren erzwungene Verstummen und Erblinden; – für die Erfahrung des Ausbleibens einer göttlichen Antwort und darum einer völligen Gottesverdunkelung und Gottverlassenheit; – für die durch alles Leid hindurch dennoch unauslöschliche Hoffnung auf Verwandlung und Erlösung.

Sinngebung des eigenen Sterbens: Yvan Goll

Vor allem die Hiobgedichte von Yvan Goll reizen neben denen der Nelly Sachs zu einer intensiven Detailinterpretation, zu einem gemeinsam tastenden Sinnsuchen in den Bildmotiven, um die äußerst schwierigen, aber reizvollen Texte aufzuschlüsseln. Ausgangspunkt zu einer solchen Deutung kann jenes hier aufgenommene und vielleicht letzte Hiobgedicht sein, mit dem Goll sein Ringen um eine Bedeutungsgebung seines Sterbens[66] im Bilde Hiobs abschloß. Golls erste Hiobgedichte waren noch zum Teil als lyrische Gebete konzipiert („O Herr, daß du mich ausbrennst"; „nichts kann das Gebet/Aus meinen zerlöcherten Fingern reißen"), die direkt an Gott gerichtet waren,

---

[66] Vgl. in diesem Zusammenhang auch den hier aufgenommenen Text von Fritz Zorn (Text II/7) sowie meine knappen Ausführungen: *Georg Langenhorst*, „Wir sind die Seinen". Tod und Sterben als Thema der Gegenwartsliteratur, in: Diakonia 25 (1994). S. 425–430.

an einen Gott allerdings, dessen Existenz gerade nicht sicher gewußt werden kann. Dieser Gottzweifel wird in dem Dreierzyklus, der hier gleichfalls abgedruckt ist, unverblümt verbalisiert: „Wieso ich noch lebe?/Unsicherer Gott/Dich Dir zu beweisen."

Dennoch, auch gegen diesen unsicheren Gott ist der aus dem biblischen Hiobbuch entlehnte Gestus der Frage, der Klage, der Anklage noch möglich, der zunächst Golls Hiobgedichte bestimmt. Der Gottzweifel, der lyrisch bezeugte Glaube an den „unsicheren Gott", wird in dem unserer Interpretation zugrundeliegenden Gedicht radikalisiert. An die Stelle der vorherigen Ansprache eines Gegenübers, sei es in der Gebetsform die Ansprache Gottes, oder sei es in anderen dieser Gedichte die Ansprache von dinglichen, an seinem Sterben mitbeteiligten Objekten wie der „Mondaxt", dem „greisen Kalk" oder dem „jungen Salz", tritt das reine lyrische Selbstgespräch, die in sich selbst ruhende dichterische Aussage. Das ein Du voraussetzende „Sieh!" wird entweder zum eigenen Selbst oder in den leeren Raum gesprochen. Konsequenz dieser Strukturverschiebung: Die ein dialogisches Du voraussetzenden Sprechhaltungen wie Klage oder Anklage sind hier von vornherein ausgeschlossen.

In den früheren Hiobgedichten findet sich neben dem Gegenüber auch noch der – später völlig in den Hintergrund getretene – direkte Bezug zum biblischen Hiob. So heißt es etwa im gerade schon zitierten zweiten Gedicht: „Siebzig Scheunen verbrannt!/Sieben Söhne verwest!/Größe der Armut!" Von all dem, von einem auf der Textebene erkennbaren direkten Bezug zum Hiobbuch, von Gebetssprache, von unsicherer Anwesenheit Gottes, von Klage und Rebellion ist in diesem letzten Hiobgedicht nicht mehr die Rede. Im Gegenteil: Schmerz, Verzweiflung und Klage, die in den vorherigen Gedichten vorherrsch-

ten, schlagen nun um zu einer Todessehnsucht und zum
Wunsch der Seinsverwandlung ins Elementare. Das lyri-
sche Ich hat sich abgefunden mit dem bevorstehenden
Tod, der bald den „Schmerzenskreis" vollenden wird. Jen-
seits von Rebellion wird nun die Akzeptanz des Schicksals
möglich. Wie ? – Indem Goll den Tod als Verwandlung,
Transfiguration, Metamorphose beschreibt.
Darauf weist schon der erste Vers des Gedichtes hin. In der
bewußten Zusammenfügung der Zentralmetapher
„Schmerzenskreis" wird die sich zwangsläufig und unauf-
haltsam ereignende Logik des Lebenskreislaufs von
Geburt und Tod, vom mit beidem untrennbar verbun-
denen Schmerz evoziert. Hiob wird am Ende seines
Lebens wieder in die Natur aufgenommen („Mein Sein
wird wieder Element"). Die rein emotionslos geschilderte
Feststellung dieses Prozesses in den ersten zwei Versen des
Gedichts wird durch die folgenden drei Verse kommentiert. Die sich von neutral zu bewußt positiv besetzt
steigernden Verbformen „verwandelt", „geadelt" und „verzaubert" bewerten die vorherigen Aussagen, sie feiern
geradezu das eigene Sterben. Keine Trauer mehr über den
Tod, kein Protest gegen das Sterben, sondern das positive
Einverständnis in den naturnotwendigen Kreislauf. Denn
gerade so erhält das lyrische Ich Anteil an der Erinnerung
(„Muschel" als Symbol der angesammelten Erzählungen,
„Märchen", Geschichten der Menschheit), an dem neublü-
henden Naturkreislauf („Nessel" als Symbol des Wachs-
tums und der Blüte) und Anteil an der Ewigkeit („Stein"
als Symbol der Unvergänglichkeit).
Auch die folgenden drei Zeilen versinnbildlichen symbo-
lisch in den Metaphern „Honig" (Bild für die überreichen
Gaben der Natur), „Eidechs" (Bild für die Flinkheit) und
„Schnecke" (Bild für die Langsamkeit) den nur durch das
Sterben möglichen Eingang Hiobs in den überzeitlichen

Lebenskreislauf: Hiob geht durch seinen Schmerz in die Natur ein, ja er wird ein Teil von ihr. Durch den Übergang „so" angedeutete Konsequenz dieses Einswerdens mit der Natur: Die mit „Eidechs" und „Schnecke" in Gegensatzbildern angesprochene Naturdimension der Zeit verwandelt sich in die Dimension des Raumes. Hiob kehrt in diesem Prozeß in sein wahres Selbst zurück wie in den Innenraum einer Statue. In diesem Bild verdichtet sich noch einmal der Abschied von der dialogischen Struktur der Wirklichkeitswahrnehmung und dichterischen Umsetzung. Daß dieser Prozeß zudem nur „von innen vernehmbar ist", weist bereits darauf hin, daß der beschriebene Vorgang von außen, etwa für den Leser, wenn überhaupt, dann nur schwer nachvollziehbar ist.

Die zweite Strophe dieses Gedichts richtet den Blick auf die konkrete Form des Weiterwirkens des in die Natur zurückgekehrten Dichters. Ein „Echo" ertönt, ein prophetisches Echo. Ob jemand dieses Echo hört, bleibt genauso offen wie der Inhalt des widerklingenden Geschauten. Nicht nur sein Werk hinterläßt aber – wie undeutlich auch immer – Spuren, sondern auch sein Gefühlsleben, wiederum durch ein Gegensatzpaar verdeutlicht, „Trauer" und „Lust". Sie werden von Tieren („Falter", „Nachtgetier") aufgenommen und weitergetragen. Die „Kuppel Sodoms" könnte ein Bild für den Kopf des Dichters sein. Darauf weisen auch Verse anderer Gedichte hin. Eingeleitet durch das einen Umschwung indizierende „doch" tritt eine weitere, letzte und entscheidende Dimension hinzu: Zur Ruhestatt der Vögel – vielleicht ein Sinnbild für seine lyrischen Werke – geworden, erblüht „am Morgen" aus dem zur Natur zurückverwandelten Hiob „der Geist", „oder ein klagendes Lied". Erst so und jetzt schließt sich der „Schmerzenskreis". Hiobs Geist und Hiobs Klagelied sind endgültig zum bleibenden Weltelement geworden. Das

vorliegende Abschlußgedicht schildert also sehr bewußt
die letzte Stufe einer Auseinandersetzung mit dem Sterben, die *Überwindung eines ungetrösteten Hiob-Daseins.*
Am Ende eines Versuches, diese schwierigen Gollschen
Gedichte zu verstehen und auf das eigene Leben zu deuten, wird sicherlich der Austausch über einige Rückfragen
stehen: Lassen sich Golls Deutungen seines eigenen Sterbens nachvollziehen? Ist eine so weit gehende Ausdeutung
der biblischen Vorlage sinnvoll? Kann man hier tatsächlich
noch von „Hiobgedichten" sprechen?

Hiob im Spannungsfeld seiner Deutungen

Die genannten und ausführlicher behandelten Texte von
MacLeish, Roth, Sachs und Goll haben für mich selbst in
der Auseinandersetzung mit Hiob und seinem Fortleben
in unsere Zeit hinein Priorität – und das gilt selbstredend
nicht nur im Hinblick auf die inhaltlichen Aussagen, sondern gerade im – eher literaturwissenschaftlichen – Blick
auf die Form. Grundsätzlich sollte sicherlich die Vielfalt
der Deutungsmöglichkeiten stets sichtbar werden, und
dazu eignen sich letztlich alle hier aufgenommenen Texte.
Hierzu noch einige abschließende Hinweise: Einige Texte
bieten sich vor allem als Provokation und Herausforderung an. *Shaws* Verdikt, Hiob sei schwer von Begriff – war
er das tatsächlich? Sind Gläubige, die Hiobs Position für
sinnvoll halten, „schwer von Begriff"? *Pagis'* Aussage, Hiob
sei nur ein Gleichnis – stimmt das denn? Finden sich nicht
gerade im Gegenteil so viele Hiobs, daß – so *H.G. Wells* –
die „ganze Erde jetzt Hiob" ist? *Peter Maiwalds* „Von Glück
sagen" – ist das Sprechen vom eigenen Glück angesichts
des Leidens nicht stets in der Gefahr, zum allgemeingültigen „Rezept" und dadurch zur beklemmenden Doktrin
gemacht zu werden? *Alfred Döblins* „Es liegt an dir" – was

denn ist tatsächlich vom Leidenden selbst zu ändern, was „müßte so nicht sein", um auch *Johannes R. Bechers* Gedichtzeile aufzunehmen? Wofür ist der Mensch, wofür Gott „verantwortlich"? Die experimentalliterarischen Texte von *Heißenbüttel* oder *Mayröcker,* die satirischen Hiobgestaltungen von *Spark* und *Kunert* – steckt Ernst im Spiel, ist Spiel die einzige Möglichkeit, mit Ernst ernsthaft umzugehen, oder ist das Flucht in Unverbindlichkeit?

Andere Texte verlangen nach eingehender Auseinandersetzung. Vor allem der Vergleich zwischen jüdischer und christlicher Hiobrezeption drängt sich auf. Hiob, der vor allem bei *Susman* und *Wolfskehl* zum Urbild der jüdischen Geschichte wird – hier gälte es, die einzelnen Stationen dieser Gleichsetzung Punkt für Punkt nachzudenken. Hiob angesichts der Shoah bei *Kaléko* und *Wiesel* – hier könnte man die grundsätzliche Möglichkeit eines Schreibens und Dichtens angesichts von Auschwitz thematisieren. Die christlichen Hiobdeutungen auf der anderen Seite, sei es von *Jung, Claudel, Zeller* oder *Girard* – wie glaubwürdig ist es, die Antwort auf Hiob allein in Jesus Christus zu sehen? Und was genau versteht man dann unter einer solchen Antwort? Mit *Gutiérrez* gesprochen, bleibt doch auch für Christen die Frage: Wie kann man von Gott sprechen in Unrecht und Leid? Und was fasziniert nun die selbsterklärten Atheisten an Hiob, ihren – so *Leonhard* – Bruder im Leiden, aber nicht im Glauben? Wie gehen sie mit Hiobs ja auch für sie – so *Bloch* – nicht erledigten Problemen um? Suchen sie neue Perspektiven im hoffenden Vertrauen auf die menschenmögliche Utopie des Transzendierens ohne Transzendenz, wenn sie durchschaut haben, daß Gott – so *Schacht* – auch nur ein Mensch sei? Löst sich das Hiobproblem wie bei *MacLeish* oder *Edvardson* letztlich im Hinweis auf die menschliche Liebe?

Fragen zu Hiob, Fragen zu den hier aufgenommenen Texten, Fragen nach Gott im Leid, Fragen zum Zusammen-
spiel dieser Größen – in der Tat: Am Ende dieses Buches
stehen mehr Frage- als Ausrufezeichen, mehr Aufrufe zur
eigenen Deutung als unumstößliche Erkenntnisse, die
schlicht weiterzugeben wären. Davon nämlich geht die
Konzeption dieses Buches aus: Daß sich allein der jeweilige
Deuter und Ausleger in seiner Beschäftigung mit Hiob
den für ihn wichtigen Aspekt sucht und die aufgenommenen Texte unter dieser Perspektive befragt. Mit der Textsammlung möchte ich zu derartigen Prozessen anregen
und einladen – einzelne wie Gruppen. Wenn solche Auseinandersetzungen von hier aus möglich werden, hat sich
mein Anliegen erfüllt.

Nachwort

Das Zustandekommen eines solchen Buches verdankt sich stets zahllosen Freunden und Wegbegleitern, die ein solches Projekt mittragen. Danken möchte ich zunächst den SchülerInnen und KollegInnen des *Bischöflichen Cusanus-Gymnasiums* in *Koblenz* – an dem ich erfahren darf, daß man auch ohne utopische Experimentalpädagogik heute noch sinnvoll Schule gestalten kann. Danken möchte ich aber auch den vielen Interessierten in der Erwachsenenbildung, mit denen ich über „Theologie und Literatur" zusammenarbeiten durfte und darf.

Daneben möchte ich drei Wegbegleiter dankend mit Namen hervorheben: *Dr. Bruno Kern* vom Matthias-Grünewald-Verlag, der das Buch im Rahmen des wichtigen Programmschwerpunktes „Religion und Ästhetik" in wohlwollender Begleitung ermöglicht hat; meinen wissenschaftlichen Lehrer *Professor Dr. Karl-Josef Kuschel,* von dem ich methodisch wie inhaltlich vieles lernen konnte und kann; meine Frau *Annegret Langenhorst,* ohne deren kritisch-konstruktive Lektüre und liebevolle Lebensbegleitung dieses Buch nicht zu verwirklichen gewesen wäre.

Widmen möchte ich dieses Buch unserer Tochter Johanna – geboren am 2. 8. 1995 – in der Hoffnung, daß ihr ein Hiobschicksal erspart bleiben möge.

Koblenz, im September1995   Georg Langenhorst

Sensibel für eine widersprüchliche Welt

Georg Langenhorst
Hiob unser Zeitgenosse
Die literarische Hiob-Rezeption im 20. Jahrhundert als theologische Herausforderung
Reihe: Theologie und Literatur. 448 Seiten. Kartoniert.

Dem Buch Hiob kommt in der Bibel eine einzigartige Bedeutung zu. Es verwirft die Auffassung, daß Gott die Guten belohne und die Bösen bestrafe. Hiob weiß, daß er unschuldig leidet. Er steht fassungslos vor der Frage, warum Gott ihm so großes Unglück zumutet. In Klage und Anklage fordert er sein Recht. Die spätere Redaktion hat im Vor- und Nachwort des biblischen Buches aus Hiob einen frommen Dulder gemacht, seine Radikalität ist auch von der christlichen Tradition lange nicht wahrgenommen worden. Um so mehr haben sich moderne SchriftstellerInnen des Hiob-Themas angenommen.

Die vorliegende Untersuchung geht den vielfältigen Einflüssen des Hiobbuches auf die Literatur des 20. Jahrhunderts nach. Es ist faszinierend, was Dramatiker und Epiker, Lyriker und Essayisten, Philosophen, Psychologen und auch Theologen wie Döblin, Brecht, Wiechert, Joseph Roth, Claudel, Nelly Sachs, Elie Wiesel, Hans Jonas, C.G. Jung, Bloch, Barth, Gutiérrez und viele andere aus der Auseinandersetzung mit Hiob gemacht haben.

Die Hiob-Literatur als Herausforderung für die Theologie zu begreifen, ist das Verdienst dieser sorgsamen und anregenden Untersuchung.

Bücher der Gegenwart

Matthias-Grünewald-Verlag · Mainz

Dichtung als Bekenntnissprache

Gabriele Wohmann
„Erzählen Sie mir was vom Jenseits"
Gedichte, Erzählungen und Gedanken
Reihe: Religion und Ästhetik. 192 Seiten. Kartoniert.

Es gibt im Bereich der Gegenwartsliteratur Persönlichkeiten, deren Schaffenskraft Staunen und Bewunderung her-
vorruft. Gabriele Wohmann gehört dazu. Die 1932 geborene
Schriftstellerin, Tochter eines evangelischen Pfarrerehe-
paares, gilt als Meisterin exakter Beobachtung, als unerbittlich im Aufdecken menschlicher Schwächen, aber auch
als sensibel und solidarisch mit den Opfern, seien dies Kinder äußerlich intakter Familien oder Frauen in gescheiter-
ten Partnerbeziehungen. Ihr Werk „Erzählen Sie mir was
vom Jenseits", eine Sammlung von Gedichten, Erzählungen und Essays, thematisiert die irdische Vergänglichkeit
und weist – für manche vielleicht überraschend – auf die
religiöse Dimension aller Wirklichkeit hin. Dies geschieht
in einer mitunter nicht einfachen, genaues und nach-
denkliches Lesen fordernden Sprache, manchmal aber
auch in ganz leichten Sätzen, die den Blick auf das Kleine,
Private und doch so Wichtige auszeichnen.

Christ in der Gegenwart

Matthias-Grünewald-Verlag · Mainz